GELDANLAGE FÜR FAULE

GELDANLAGE FÜR FAULE

Sina Groß

INHALTSVERZEICHNIS

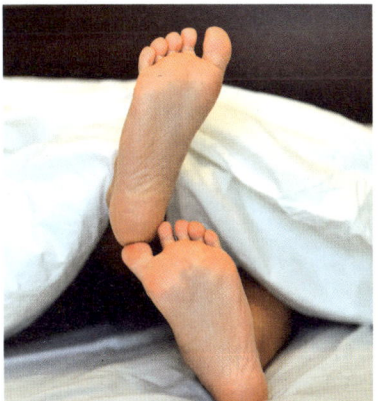

GELDANLEGEN LEICHT GEMACHT

Zugegeben: Es gibt spannendere Freizeitbeschäftigungen als die eigenen Finanzen. Dazu kommt, dass es oft nicht nur an Motivation und Zeit, sondern auch am nötigen Fachwissen mangelt. Doch woher soll das kommen, wenn das Thema Geld in der Schulzeit bestenfalls gestreift wird?! So sind die meisten ihr Leben lang auf das Wissen und die Beraterqualitäten anderer angewiesen. Zeit, das zu ändern und hinterher zu sagen: „War ja gar nicht so kompliziert!"

FÜR FAULE: WARUM ALLES GAR NICHT SO SCHWER IST

Der erste Schritt zur Überwindung Ihrer Faulheit war der Kauf dieses Buches. Der zweite ist es nun, sich klarzumachen, dass Geldanlegen gar nicht so kompliziert ist. Glaubt man Untersuchungen der letzten Jahre, fehlt es vielen hierzulande – allen voran jungen Leuten – an grundlegendem Finanzwissen. Danach haben viele keine Ahnung, was hinter Begriffen wie „Riester-Rente" oder „Aktienfonds" steckt, und machen sich auch keinerlei Mühe, es herauszufinden. Und das, obwohl es sich heute keiner mehr leisten kann, nichts für später zurückzulegen und sich nicht mit der Vorsorge fürs Alter zu beschäftigen.

Ein Großteil derer, die noch nichts beiseitegelegt haben, begründet das mit fehlendem Wissen oder dem Zeitfaktor. Welche Möglichkeiten gibt es überhaupt, Geld anzulegen? Welche eignen sich für mich und meine Ziele? Wo liegen die Risiken? Und wie viel Zeit muss ich dafür investieren?

Für die meisten sind das schon zu viele Fragen, auf die sie keine Antwort haben und sie so abhalten, den ersten Schritt zu tun. Dabei ist es nur ein kleiner Schritt, sich zu informieren. Wer ihn geht, braucht neben überschaubarem Zeitaufwand nicht viel Kapital. Denn Sie können regelmäßig einen kleinen Betrag zur Seite legen und dafür eine sinnvolle Anlageform wählen. Für fast jedes Anlageziel und jeden Geldbeutel gibt es passende Produkte.

Schritt für Schritt zum Ziel

Aus Mangel an Alternativen vertrauen viele blindlings ihrem Bankberater oder Versicherungsvertreter. Leider oft, ohne zu hinterfragen, ob die empfohlenen Produkte gut für das eigene Konto oder doch eher für das des Empfehlenden sind. Dieses Buch wird Ihnen helfen, das einschätzen zu können. Damit Sie am Ende ganz genau wissen, welche Geldanlageprodukte für Sie und Ihre persönliche Lebenssituation sinnvoll sind und welche nicht.

Eine gewisse Faulheit ist dabei erlaubt und wird durch den Aufbau des Buches sogar unterstützt. Denn es bietet möglichst einfache Lösungswege, wie jeder die für sich richtige Geldanlage findet. Sie müssen nur diese kurze Einleitung lesen oder zumindest überfliegen und danach ein Anlageziel auswählen. Von dort aus werden Sie zu den passenden Anlagemöglichkeiten weitergeleitet – samt Infos, wo es die Produkte gibt, und Schritt-für-Schritt-Anleitung für deren Abschluss.

Ziel des Buches ist es, dass Sie möglichst schnell und bequem herausfinden, welche Optionen die besten für Sie sind. Um das zu erreichen, vereinfachen wir bewusst: Wir stellen also nicht alle Alternativen vor, aus denen Sie mühsam auswählen müssen, sondern nur wenige, die für ein bestimmtes Anlageziel besonders geeignet sind, wenn man es mit dem Aufwand nicht übertreiben möchte: Qualität vor Quantität.

Zudem muss jedem klar sein: Faulsein bedeutet nicht nur, dass nicht alle Geldanlageprodukte infrage kommen, sondern auch, dass nicht immer die optimale Rendite erzielt werden kann. Denn viel Rendite – also Gewinn – bedeutet in der Regel, dass man sich intensiv mit einer Anlage beschäftigen und sich darum kümmern oder ein hohes Risiko eingehen muss. Wer das nicht will, muss zwangsläufig ein paar Abstriche machen. Mit einem mickrigen Sparbuchzins müssen Sie sich aber trotzdem nicht begnügen.

EXISTENZSICHERUNG ZUERST: ABSICHERN VOR ANLEGEN

Bevor es ans Anlegen geht, sollten Sie sich aber erst einmal die Frage stellen, was Sie überhaupt anlegen können. Oft hat man ja das Gefühl, dass – kaum kommt das Gehalt aufs Konto – schon wieder die Hälfte weg ist. Miete, Lebenshaltung, Sprit fürs Auto, hier ein Geschenk, da ein Kinobesuch: Ohne dass wir es richtig mitbekommen, rattert der Kontostand gegen null. Und dann soll man auch noch Geld für später abknapsen?! Sie werden sehen: Es geht! Dafür beginnen Sie am besten mit einem Kassensturz: Einnahmen, Ausgaben, Vermögen, Schulden – wie steht es eigentlich um Ihr Geld?

Kassensturz

Erst einmal gilt es herauszufinden, wie viel Sie jeden Monat übrig haben. Dafür braucht es einen verregneten Tag, Zettel, Stift, Taschenrechner – und Ruhe. Vor jeder Finanzplanung steht die Bestandsaufnahme. Stellen Sie das, was Sie über das Jahr einnehmen, dem, was Sie in etwa ausgeben, gegenüber. Übersteigen Ihre Einnahmen die Ausgaben, kann man nur sagen: Glückwunsch! Wenn nicht, sollten Sie vor allem anderen daran etwas ändern. Denn wer nichts übrig hat, kann auch nichts sparen.

Dann sollten Sie schauen, wie viel Sie schon besitzen. Bunkern Sie Geld auf Ihrem Girokonto? Falls Sie ein Spar- oder Tagesgeldkonto haben: Wie viel haben Sie darauf geparkt? Haben Sie vielleicht schon ein Wertpapierdepot? Oder eine Lebensversicherung abgeschlossen? Zahlen Sie in eine betriebliche Altersvorsorge ein? All das wird auf Ihrem Zettel auf der Habenseite verbucht.

Aber nicht nur das, was Sie haben, sondern auch das, was Sie schulden, sollten Sie notieren. Sind Sie in den Dispo gerutscht? Zahlen Sie noch Bafög aus Studienzeiten zurück? Oder haben Sie einen Kredit aufgenommen: beispielsweise, um das neue Auto oder ein Haus zu finanzieren? Falls ja, müssen Sie diese Schulden von dem, was Sie besitzen, abziehen.

Sind Ihre Schulden höher als das, was Sie auf der Habenseite notieren konnten, gilt es erst einmal, diese zu tilgen. Das ist in der Regel die beste Geldanlage.

Der zweite Schritt ist es, sich einen Puffer für unvorhergesehene Ausgaben zu schaffen. Als Faustregel gilt: Wer in der Ausbildung ist und 3 000 Euro auf der hohen Kante hat, kann sich glücklich schätzen. Im Berufsleben reicht das nicht: Da sollten die Rücklagen für die nächste Autoreparatur, eine neue Waschmaschine und sonstige Eventualitäten reichen. Als Richtwert gelten zwei bis drei Netto-Monatsgehälter, also je nach Einkommen zwischen 3 000 und 10 000 Euro. Kommen Sie bei Ihrem Kassensturz auf weniger als 2 000 Euro Rücklagen, sollten Sie dringend etwas tun: weniger ausgeben und mehr zur Seite legen. Wie Sie den Notgroschen am besten anlegen, erfahren Sie auf Seite 24.

▶ VERMÖGENSWIRKSAME LEISTUNGEN NUTZEN

Beim Aufbau von Rücklagen hilft in vielen Fällen der Arbeitgeber über vermögenswirksame Leistungen. Allerdings wissen das anscheinend längst nicht alle fest angestellten Mitarbeiter, da viele dieses Geldgeschenk ungenutzt verfallen lassen. Mehr dazu ab Seite 46.

Sicher durch Versicherungen

Ohne Netz und doppelten Boden sollte niemand Geld anlegen. Bevor Sie also mit dem Investieren anfangen, ist es ratsam, sich zumindest grundlegend abzusichern. Viele glauben zwar, sie seien gut geschützt. Das Problem ist nur, dass wir Deutschen zwar Weltmeister im Versichern sind, das Geld aber oft in die falschen Versicherungen stecken. Stellt sich also die Frage: Was ist nötig und was nicht? Nach der Kranken- ist die Privathaftpflicht- die wichtigste Versicherung und ein absolutes Muss für jeden. Wer keine hat – und das ist immer noch ein Drittel hierzulande –, sollte sie schleunigst abschließen. Fast ebenso wichtig ist ein Schutz gegen Berufsunfähigkeit. Was Sie sonst noch brauchen, hängt von Ihrer ganz persönlichen Lebenssituation ab.

Private Haftpflichtversicherung

Eine private Haftpflichtversicherung braucht jeder. Im Grunde ist sie Ihr ganz privates Sicherheitsnetz, das Sie gegen Ansprüche anderer absichert. Ob Sie im

Skiurlaub schuld an einem Zusammenstoß sind und sich jemand ein Bein bricht oder nach dem Grillen die Glut unbeaufsichtigt lassen und das Haus des Nachbarn abbrennt: Sobald Sie anderen schaden, sind Sie gesetzlich zum Schadenersatz verpflichtet. Im Extremfall sogar ein Leben lang, was schnell in den finanziellen Ruin führen kann. Haben Sie noch keine private Haftpflichtversicherung, sollten Sie das daher unbedingt ändern. Sie sollte pauschal Schäden bis mindestens drei Millionen Euro abdecken. „Gute" Tarife für die ganze Familie gibt es beispielsweise bereits ab rund 50, „sehr gute" ab 60 Euro im Jahr. Verglichen mit anderen Versicherungen ist das ein überschaubarer Preis für viel Sicherheit.

INFO **Versicherungen im Test**

Wir testen Privathaftpflicht-, Berufsunfähigkeits- und Risikolebensversicherungen regelmäßig. Im Internet können Sie die aktuellen Tests unter www.test.de gegen eine geringe Gebühr abrufen.
Welche Versicherungen in Ihrer persönlichen Lebenssituation noch sinnvoll sind und was Sie beim Abschluss beachten sollten, können Sie einfach und übersichtlich in unserem „Versicherungs-Ratgeber" nachlesen. Sie bekommen ihn für 16,90 Euro im Buchhandel oder über test.de/shop.

Berufsunfähigkeitsversicherung

Schutz ist auch wichtig für den Fall, dass Sie zum Beispiel einen Unfall haben oder krank werden und deshalb nicht mehr in der Lage sind, zu arbeiten oder sich selbst zu versorgen. Damit Sie dann nicht im Regen stehen, sollten Sie eine Berufsunfähigkeitsversicherung abschließen. Sie tritt ein, wenn Sie in Ihrem zuletzt ausgeübten Beruf nicht mehr arbeiten können. Leider sind viele immer noch der Meinung, ihnen könne das nicht passieren, und falls doch, wäre der Staat in der Pflicht. Ein fataler Irrtum in beiden Fällen. Inzwischen wird in Deutschland jeder fünfte Angestellte und jeder vierte Arbeiter vor Erreichen des Rentenalters berufsunfähig, immer häufiger aufgrund von psychischen Krankheiten.

Dennoch hat der Staat den gesetzlichen Berufsunfähigkeitsschutz für alle abgeschafft, die nach 1961 geboren wurden. Sie können im Fall der Fälle nur noch eine Erwerbsminderungsrente erwarten, das heißt, sie bekommen nur dann eine Rente, wenn sie gar nicht mehr arbeiten können. Auch hier gilt es also, privat vorzusorgen. Allerdings ist eine solche Versicherung alles andere als günstig. So zahlt zum Beispiel ein 34-jähriger Diplomkaufmann zwischen 1 000 und 2 000 Euro im Jahr, wenn er sich eine Rente von 2 000 Euro im Monat bis zum 67. Lebensjahr sichern möchte. Je jünger und gesünder Sie beim Abschluss sind, desto weniger kostet der Schutz.

Risikolebensversicherung

Ob Krankheit oder ein schwerer Unfall: So gut wie nie rechnet man mit dem Tod eines Familienmitglieds. Zum ersten Schock kommt dann der zweite – nämlich die Frage, wie es finanziell weitergehen soll. Haben Sie eine Familie, ist eine Risikolebensversicherung daher genauso ein Muss wie die private Haftpflicht. Sie schützt Angehörige vor einem Sturz ins Bodenlose.

Eine Risikolebensversicherung ist ein reiner Todesfallschutz, kein Sparvertrag. Stirbt der Versicherte, bekommen die im Vertrag genannten Hinterbliebenen die gesamte Versicherungssumme ausgezahlt. Weil Todesfallschutz und Sparleistung – anders als bei einer Kapitallebensversicherung – nicht vermischt werden, ist sie die bessere und günstigere Wahl für alle, die ihre Lieben absichern wollen.

Gute Policen für den Hauptverdiener gibt es schon ab etwa 200 Euro pro Jahr. Ob Sie so günstig an eine kommen, hängt von verschiedenen Faktoren ab wie der Versicherungshöhe, dem Eintrittsalter, der Laufzeit und Ihrem Gesundheitszustand.

INFO **Berufs- oder erwerbsunfähig?**

Berufsunfähig ist, wer dauerhaft durch andauernde Einschränkung seinen bisherigen Beruf nicht mehr ausüben kann. Gründe dafür können eine Krankheit, körperliche Verletzung oder ein Kräfteverfall sein, womit gemeint ist, dass ein Mensch zu schwach ist, seinem Beruf nachzugehen. Diese Voraussetzungen für eine Berufsunfähigkeit müssen ärztlich festgestellt sein.

Erwerbsunfähig (beziehungsweise erwerbsgemindert) ist hingegen, wer unfähig ist, durch Arbeit seinen Lebensunterhalt verdienen zu können: ob aufgrund einer geistigen oder körperlichen Krankheit. Nur wer gar keiner Betätigung nachgehen kann, hat also einen Anspruch darauf, eine Erwerbsminderungsrente zu erhalten. Zum Leben reicht sie meist nicht.

Versorgungslücken aufdecken

Im Alter möchte wohl jeder seinen gewohnten Lebensstandard halten und den meisten ist klar, dass sie dafür rechtzeitig finanziell vorsorgen müssen. Allerdings haben viele Probleme damit, dieses Wissen in die Tat umsetzen. Das ist verständlich, aber fatal, weil für die heutige Generation an der privaten Altersvorsorge kein Weg vorbeiführt, wenn der Lebensabend nicht einen massiven finanziellen Absturz bedeuten soll. Denn an der Rente ist vor allem eines sicher: Sie wird nicht reichen. Kommt ein Rentner derzeit auf etwa 70 Prozent des durchschnittlichen Nettoeinkommens, werden für das Jahr 2030 nur noch 58 Prozent vorhergesagt. Und das auch nur für den idealen Rentner, der 45 Jahre lang gearbeitet und in die Rentenkasse eingezahlt hat. Für die meisten bedeutet das, dass im Ruhestand ein ordentlicher Betrag fehlt.

Bei der Deutschen Rentenversicherung können Sie sich unter www.deutsche-rentenversicherung.de oder telefonisch unter 0800 1000 4800 informieren, wie es um Ihre Lücken in der gesetzlichen Rentenversicherung bestellt ist. Die dortigen Berater beantworten auch Fragen zur Renteninformation, anhand derer die Versicherten jährlich sehen, wie der Stand ihres Rentenkontos ist.

Tipps, wie Sie vorsorgen können, finden Sie ab Seite 41.

DIE INFLATION NICHT VERGESSEN

Was viele vergessen: Die Preise steigen jedes Jahr, derzeit um etwa 1 bis 2 Prozent. In der Fachsprache heißt das Inflation. Die bewirkt, dass Sie sich für dasselbe Geld von Jahr zu Jahr weniger leisten können. Wer also heute 2 000 Euro monatlich zur Verfügung hat, braucht in 30 Jahren mehr als das Doppelte, um seinen Lebensstandard zu halten. Auch das sollten Sie einplanen, wenn Sie überlegen, welchen Betrag Sie im Ruhestand Monat für Monat benötigen, damit es dann an nichts fehlt.

GELDANLAGE VERSTEHEN: DAS MAGISCHE DREIECK

Verständlicherweise möchte jeder so viel wie möglich aus seinem hart verdienten Geld herausholen. Die Sicherheit der Geldanlage ist den meisten dabei genauso wichtig wie die Rendite. Schließlich wollen sie ihr sauer Erspartes nicht aufs Spiel setzen. Im Grunde wollen alle also beides: eine hohe Rendite plus Sicherheit – und am besten sollte das Geld auch noch jederzeit verfügbar sein. Leider bleibt das wohl für alle ein unerfüllbarer Traum. Allerdings einer, der gutgläubigen Anlegern von unseriösen Anbietern immer wieder versprochen wird. Unerfüllbar deshalb,

Das magische Dreieck der Geldanlage

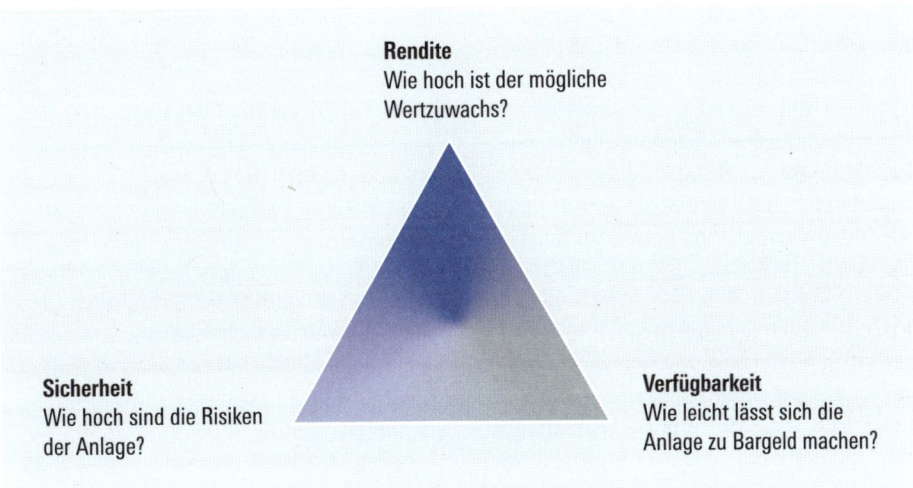

Rendite
Wie hoch ist der mögliche
Wertzuwachs?

Sicherheit
Wie hoch sind die Risiken
der Anlage?

Verfügbarkeit
Wie leicht lässt sich die
Anlage zu Bargeld machen?

weil keine einzige Geldanlageform alle drei Kriterien – Sicherheit, Rendite und Verfügbarkeit – in gleicher Weise erfüllt. In gewisser Weise stoßen sie sich sogar ab: Je näher man einem Kriterium kommt, desto weiter entfernt man sich von den beiden anderen. Womit wir an dem Punkt wären, erst einmal grundlegend zu klären, wie Geldanlegen überhaupt funktioniert.

Prioritäten setzen

Alle Geldanlagen bewegen sich zwischen den drei Eckpfeilern des sogenannten Magischen Dreiecks (siehe Grafik). Sicherheit bedeutet, dass Sie das eingezahlte Kapital am Ende der Laufzeit oder bei einem Verkauf in voller Höhe zurückbekommen. Die Rendite ist der Ertrag beziehungsweise der Gewinn, den eine Anlageform abwirft.

Und bei der Verfügbarkeit geht es darum, ob und wie schnell Sie an Ihr Geld kommen, ohne Verluste zu machen.

Wer sein Geld in wenigen Jahren für eine größere Anschaffung braucht, muss zwangsläufig auf Nummer Sicher gehen und darf daher meist keine allzu hohe Rendite erwarten. Legen Sie dagegen langfristig an, sorgen also beispielsweise für den Lebensabend vor, können Sie der Rendite einen höheren Stellenwert einräumen und Abstriche bei der schnellen Verfügbarkeit und der Sicherheit in Kauf nehmen. Der Grund: Bei Anlagen mit hoher Renditeerwartung wie Aktienfonds, die an der Börse gehandelt werden, sinkt das Risiko mit der Anlagedauer und damit auch die Gefahr, in einem Börsentief verkaufen zu müssen.

Der Mix macht's

Wollen Sie langfristig Geld anlegen und dabei auch auf riskantere Anlageformen wie Fonds setzen, kommt es auf den richtigen Mix an. Denn wer das Geld geschickt auf verschiedene Geldanlagen verteilt, senkt das Risiko noch weiter. Der Vorteil dabei: Geht eine Anlageform baden oder entwickelt sich nicht so, wie Sie sich das vorstellen, haben Sie im Idealfall noch andere Eisen im Feuer, um den Verlust auszugleichen. Der „kleine Mann", der seinerzeit sein gesamtes Kapital in die Volksaktie der Telekom gesteckt hatte, sah am Ende des Booms ziemlich alt aus, denn sie hatte massiv an Wert verloren. Solche Katastrophen kann nur vermeiden, wer zwei Grundregeln beachtet. Erstens: Nie alles auf eine Karte setzen. Zweitens:

Je weniger Zeit Sie bis zu Ihrem Anlageziel haben, desto risikoärmer sollten Sie Ihr Geld anlegen.

Immer mal wieder schauen

So wie sich Ihre Lebenssituation ändert und damit die Bedürfnisse und das verfügbare Kapital, so kann auf den Finanzmärkten der Wind drehen. Die Zinsen steigen vielleicht wieder oder es kommen neue Produkte auf den Markt. In puncto Geldanlage heißt das: lebenslang dranbleiben! Das bedeutet nicht, dass Sie sich täglich um Ihre Finanzen kümmern müssen. Es gibt durchaus Anlageformen, die, einmal abgeschlossen, von selbst weiterlaufen. Sie sollten nur das große Ganze im Blick behalten und hin und wieder mal checken.

DIREKT- ODER FILIALBANK: DIE QUAL DER WAHL

Geldanlageprodukte gibt es bei Filial- und bei Direktbanken. Für viele ist die Frage, welcher Bank sie ihr Geld anvertrauen, eine Grundsatzfrage. Wer seiner Hausbank vor Ort die Treue hält, schätzt vor allem, einen Ansprechpartner für fast alle Finanzfragen zu haben. Im Idealfall nimmt der sich Zeit für eine ausführliche Beratung, hilft bei der Auswahl der Produkte und steht mit Rat und Tat zur Seite. Der Vorteil: Man muss sich selbst nicht sonderlich mit Finanzdingen beschäftigen. Der Nachteil ist, dass der Service bezahlt werden will.

Kosten, die man sparen kann, indem man sein Geld bei einer Direktbank anlegt. Direktbanken verzichten auf ein teures Netz von Geschäftsstellen und sind meist nur über das Internet und per Telefon erreichbar. Eine persönliche Beratung gibt es dort – wenn überhaupt – nur gegen zusätzliches Honorar.

Stattdessen punkten Direktbanken damit, dass ihre virtuellen Schalter in der Regel vom frühen Morgen bis zum späten Abend geöffnet sind. Ein großer Vorteil für Kunden, die zu den banküblichen Öffnungszeiten keine Zeit haben. Ihr größter Trumpf sind jedoch die häufig wesentlich günstigeren Konditionen. Dafür müssen sich die Kunden alleine zurechtfinden und wissen, was sie wollen.

Dieser Trend scheint neuerdings auch auf Banken und Sparkassen überzuschwappen. Nachdem diese mehr und mehr Kunden an Direktbanken verloren haben, bieten viele inzwischen hausintern günstigere Konditionen an, wenn auf Beratung verzichtet wird.

Zum ersten Mal bei einer Direktbank?

Sie würden es gern einmal mit einer Direktbank oder einem Direktversicherer probieren, es erscheint Ihnen aber ziemlich kompliziert? Diese Scheu ist unbegründet. In den allermeisten Fällen ist der Abschluss unproblematisch und einfach, egal ob es sich um ein Girokonto, ein Tagesgeldkonto, einen Banksparplan, Festgeld, eine Versicherung oder den Kauf von Fonds handelt.

Die Unterlagen können Sie oft telefonisch anfordern. Die Bank schickt sie dann per Post. Auch der Kauf über das Internet geht in der Regel reibungslos über die Bühne. Sie gehen einfach auf die Homepage der Bank und folgen dort den Links zu den Eröffnungsunterlagen für das Produkt, das Sie sich ausgesucht haben. Meist können Sie sie online ausfüllen und ausdrucken. Sie können sie aber natürlich auch erst ausdrucken und dann ausfüllen. Die Unterschrift nicht vergessen!

DAS POSTIDENT-VERFAHREN

Jetzt kommt das Postident-Verfahren ins Spiel: Jeder könnte die Unterlagen ausfüllen und unter Ihrem Namen Geldgeschäfte tätigen. Die Bank kennt Sie ja nicht. Deshalb liegt den Eröffnungsunterlagen immer ein Postident-Coupon bei. Sie gehen mit den ausgefüllten Unterlagen, dem Coupon und Ihrem Reisepass oder Personalausweis in die nächste Postfiliale. Dort prüft der Mitarbeiter Ihre Identität, füllt den Coupon aus und lässt Sie unterschreiben. Prüfen Sie, ob alle Angaben richtig sind, bevor Sie das tun. Dann schickt die Post die Unterlagen zusammen mit dem Coupon an die Bank. Das kostet Sie im Normalfall nichts.

Einige Tage später erhalten Sie per Post die Zugangsdaten für Ihr Konto oder Ihren Sparplan. Getrennt kommt noch einmal Post mit einer Geheimzahl, die Sie immer angeben müssen, wenn Sie Transaktionen tätigen oder Informationen zu Ihren Kontodaten haben möchten. Haben Sie beides erhalten, können Sie Geld auf das Konto überweisen.

Wie Banken gesichert sind

Während der Finanzkrise 2008 mussten viele zittern, ob ihr Geld noch sicher ist. Als Lehre daraus wurde die gesetzliche Einlagensicherung verbessert. So sind seit 2011 bei allen Banken mit Sitz in der EU Einlagen in Höhe von 100 000 Euro zu 100 Prozent abgesichert.

Weil doppelt bekanntlich besser hält, ist alles, was darüber hinausgeht, bei den meisten deutschen Privatbanken zusätzlich durch den sogenannten Einlagensicherungsfonds des Bundesverbands deutscher Banken (BdB) geschützt. Das gilt pro Anleger für 30 Prozent des haftenden Eigenkapitals der Bank, also mindestens 1,5 Millionen Euro. Sparkassen sowie Volks- und Raiffeisenbanken haben eigene Sicherungssysteme. Im Fall einer Insolvenz kann bei den meisten deutschen Geldinstituten also nichts verloren gehen, zumindest was Guthaben auf dem Giro-,

Tagesgeld-, Spar- und Festgeldkonto, Termingeld und Sparbriefe angeht.

Nur bei einigen wenigen deutschen Banken sollten Sie ebenso wie bei solchen aus dem EU-Ausland nicht mehr als 100 000 Euro anlegen, weil sie keinem zusätzlichen Sicherungssystem angehören. Welche das sind, finden Sie in der Tabelle auf Seite 154. Bei Banken, die dort oder bei den Adressen auf Seite 151 nicht auftauchen, sollten Sie vorsichtshalber in die allgemeinen Geschäftsbestimmungen schauen, bevor Sie ihnen Geld anvertrauen. Dort steht, wie es gesichert ist.

INFO Durch einen Kontowechsel sparen

Wenn Sie sich mit Ihrem Geld beschäftigen, ist das eine gute Gelegenheit zu überlegen, ob sich nicht ein Wechsel des Girokontos lohnen könnte. Zahlreiche Banken bieten kostenlose Girokonten an. Welche das sind, finden Sie unter www.test.de/girokonten. Oft ist das Gratis-Angebot aber an Bedingungen wie einen regelmäßigen Gehaltseingang geknüpft. Prüfen Sie daher genau, ob die Bedingungen für Sie akzeptabel sind, bevor Sie zu einem solchen Anbieter wechseln.

Ohne Einschränkungen gratis (inklusive Kreditkarte) war bei unserem letzten Test im Juli 2011 das Top-Girokonto der bundesweiten norisbank – für Filial-

und Onlinekunden gleichermaßen. Aber auch regionale Banken boten kostenlose Konten an: wie beispielsweise die PSD-Bank Berlin-Brandenburg und die PSD-Bank Hessen-Thüringen. Mehr Auswahl hatten Onlinekunden durch Gratisangebote der comdirect bank, der ING-Diba, der Wüstenrot Bank, der PSD-Bank Köln, der MBS in Potsdam und der Saalesparkasse.

Damit Sie nicht an anderer Stelle draufzahlen, sollten Sie beim Anbieter nachfragen, an welchen Geldautomaten Sie gratis Bargeld bekommen, und prüfen, ob sie bequem für Sie zu erreichen sind. Auch die Höhe des Dispozinses sollte Ihnen einen Blick wert sein.

GUT ZU WISSEN: BERATUNG UND IHRE TÜCKEN

Viele haben gerade durch die Finanzkrise gemerkt, dass Banken und Sparkassen längst nicht mehr die vertrauenswürdigen Institutionen von einst sind. Bestätigt wird das durch unsere jüngsten Untersuchungen zu den Beratungsqualitäten der Filialbanken. Angesichts der Ergebnisse kann einem angst und bange werden. So mancher Bankberater versucht, Kunden mit allerlei Tricks zum Kauf zu bewegen, und bietet Produkte an, mit denen die Bank viel verdient, die aber nicht zum Kunden passen. Oft genug geschieht das auf Anweisung von oben, weil er die hochgesteckten Ziele und Vorgaben der Bank erfüllen muss. Angesichts dieses Verkaufsdrucks wird nichtig, was der Kunde möchte oder versteht.

Protokollieren ist Pflicht

Um eine solche Falschberatung zu verhindern, hat die Regierung Anfang 2010 die sogenannte Beratungsprotokollpflicht eingeführt – zumindest bei Wertpapieren. Wollen Sie also beispielsweise Aktien oder Fonds kaufen, ist Ihr Bankberater verpflichtet, gemeinsam mit Ihnen ein Risikoprofil zu erstellen. Dafür muss er Sie nach Ihren Anlagezielen, finanziellen Verhältnissen und Erfahrungen mit Geldgeschäften fragen. Das alles zielt darauf ab, Ihnen anschließend Produkte empfehlen zu können, die zu Ihrem Risikoprofil, Ihren Wünschen und Ihrer Situation passen. So weit zumindest die Theorie und der

Wunsch des Gesetzgebers. Je komplexer das Produkt ist, desto intensiver muss der Berater Sie darüber aufklären – und Ihnen am Ende der Beratung das Protokoll aushändigen. Prüfen Sie, ob alles, was drinsteht, seine Richtigkeit hat, und achten Sie darauf, dass er es eigenhändig unterschreibt. Haben Sie irgendwann den Eindruck, falsch beraten worden zu sein, ist das Ihr Beweis. Sie selbst sollten das Protokoll übrigens nicht unterschreiben, auch wenn es der Berater von Ihnen verlangt. Das ist vom Gesetzgeber nicht vorgeschrieben und könnte zu Ihren Ungunsten ausgelegt werden, falls es später einmal hart auf hart kommt.

Wie viel Risiko darf es sein?

In das Beratungsprotokoll gehören auch Informationen zu Ihrem Risikoprofil. Der Berater stuft Sie daher in eine bestimmte Risikoklasse ein – entsprechend Ihren Anlagezielen. Damit landen Sie je nach Typ in Schubladen wie „sicherheitsorientiert", „konservativ", „gewinnorientiert" oder „risikobewusst". Weil jeder Klasse bestimmte Geldanlagen zugeordnet sind, können Sie Wertpapiere wie Aktien oder Fonds später nur dann ordern, wenn sie zu Ihrem Risikoprofil passen. So will Vater Staat verhindern, dass leichtgläubige Anleger den Inhalt ihres Sparstrumpfs in ein Geschäft mit unkalkulierbarem Risiko stecken, weil sie die Anlage schlichtweg nicht verstehen.

INFO Die fünf Risikoklassen

- **Klasse 1 ist sicherheitsorientiert.**
Infrage kommen beispielsweise
Festgeld, Tagesgeld, Spareinlagen,
Pfandbriefe und europäische Geld-
marktfonds.

- **Klasse 2 ist konservativ.**
Dazu passen festverzinsliche Wertpapiere, Anleihen mit guter Bonität,
Rentenfonds Europa und geldmarkt-
nahe Fonds.

- **Klasse 3 ist ertragsorientiert.**
Gemeint sind etwa Aktien und
Aktienfonds mit europäischen Stan-
dardwerten, internationale Renten-,
Aktien-, und Mischfonds.

- **Klasse 4 ist spekulativ.**
Das Geld fließt zum Beispiel in
Währungsanleihen mittlerer Bonität,
Aktien und Aktienfonds mit europäi-
schen und außereuropäischen
Standardwerten oder in Zertifikate.

- **Klasse 5 ist sehr spekulativ.**
Dazu zählen Investitionen in hoch-
spekulative Anleihen, ausländische
Aktien-Nebenwerte oder Options-
scheine aller Art.

In den meisten Fällen gibt es fünf Risikoklassen, manchmal gibt es auch sechs.
Klasse 1 sind Anlagen mit niedrigem Risiko und damit sicherheitsorientiert, Klasse
5 sind Anlagen mit hohem Risiko und somit nur etwas für extrem Risikofreudige.
Das größte Problem der Klassen ist, dass
sie nicht einheitlich definiert sind. Daher
kann jede Bank ihr eigenes Süppchen ko-
chen und andere Begriffe verwenden.

Beispiel: Ein Berater fragt Sie, ob Sie sich
als „ertragsorientierten Anleger" sehen. Ja
klar, denken Sie, denn Sie wollen ja einen
Ertrag sehen, wenn Sie Ihr Geld anlegen.
Allerdings wird bei dieser Frage ohne weitere Erklärung das Verlustrisiko nicht klar.
Denn „ertragsorientiert" ist eine andere
Bezeichnung für die Risikoklasse 3, in die
renditeorientierte und risikobereite Anleger eingestuft werden. Darin bekommen
Sie auch Aktienfonds angeboten und
müssen natürlich Verluste einkalkulieren.
Stimmen Sie also zu, „ertragsorientiert"
zu sein, können Sie so zum spekulativen
Anleger werden, ohne es zu merken oder
zu wollen.

Um dem Begriffswirrwarr zu entgehen,
bestehen Sie am besten darauf, dass im
Beratungsprotokoll bei den Risikoklassen
eine Ziffer statt eines Begriffs steht. Dann
sehen Sie gleich, wo Sie eingestuft werden sollen. Je niedriger die Zahl, desto
niedriger ist das Risiko der Anlagen, die
die Bank Ihnen anbieten darf. Per Gesetz
sind die Banken damit aus dem Schnei-
der, selbst wenn Sie als Kunde die Risiken

der Wertpapiere gar nicht verstanden haben. Viele tun so, als sei alles klar, obwohl gar nichts klar ist, und die Berater erwähnen vor allem mögliche Gewinne statt möglicher Verluste. Bekommen Sie dann noch eine dicke Broschüre in die Hand gedrückt, hat der Berater seine Schuldigkeit getan, und Sie können sich später nicht mehr auf eine Falschberatung berufen.

Der „Beipackzettel"

Nicht nur das Beratungsprotokoll ist jetzt Pflicht: Auch weil bei unseren Untersuchungen 2010 zutage kam, dass die Qualität der Beratung hierzulande häufig erschreckend ist, wurde zum 1. Juli 2011 zusätzlich das sogenannte Produktinformationsblatt – auch „Beipackzettel" genannt – verpflichtend eingeführt. Den gibt es zunächst nur für Wertpapiere. Enthalten muss er alle wesentlichen Infos zum Produkt in knapper und leicht verständlicher Form: zu seiner Art, Funktionsweise, Risiken sowie den Kosten. Jegliche Werbung ist darin verboten. Der Beipackzettel soll Anlegern helfen, auf einen Blick zu erkennen, wie Produkte funktionieren, um sie mit anderen vergleichen zu können.

Gut beraten?

Was aber macht eine gute Beratung aus? Dass sie „anleger- und anlagegerecht" ist, meinen zumindest die Richter am Bundesgerichtshof. Um das zu leisten, muss der Berater erst einmal herausfinden, mit wem er es zu tun hat. Das funktioniert nur, indem er Fragen zu Ihrer Person stellt.

Wundern Sie sich nicht über solche zu Ausbildung und Beruf. Die muss er stellen, um mehr über Ihre Kenntnisse in puncto Geldanlage zu erfahren. Gleiches gilt für Fragen zu Ihren finanziellen Verhältnissen und möglichen Schulden. Er muss wissen, ob Sie in den roten Zahlen oder durch ein Vermögen abgesichert sind, damit er Ihnen nicht womöglich zu den falschen Produkten rät. Darüber hinaus muss er sich erkundigen, wofür Sie das Geld anlegen wollen, wie lange und mit welchem Risiko. Ist Ihnen das alles zu intim, können Sie die Antworten darauf verweigern. Allerdings darf Ihnen der Berater dann nichts empfehlen.

Welche Produkte er Ihnen auch immer ans Herz legt: Er muss sie genauestens vorstellen. Also beschreiben, wie die Geldanlage im Einzelnen funktioniert und welche Rendite sie verspricht. Zudem muss er Sie über das Risiko aufklären, das Sie mit dem Kauf eingehen. Ein weiterer wichtiger Punkt sind die Kosten, die er komplett offenzulegen hat. Dazu gehören Kauf- und Depotgebühren ebenso wie Verwaltungskosten oder eventuelle Provisionen, die er für die Vermittlung bekommt. Zu guter Letzt dürfen auch Informationen zur Abgeltungsteuer (siehe Seite 129) nicht fehlen.

Nur wenn sich ein Berater an alle diese Vorgaben hält, berät er richtig. Um sicherzugehen, dass Sie nichts angedreht bekommen, was nicht zu Ihnen passt, sollten Sie sich jedoch selbst gut auf das Gespräch vorbereiten.

INFO   Bankberatung: Vorbereitung ist die halbe Miete

Vor dem Gespräch

Bedarf. Brauchen Sie überhaupt eine Finanzberatung? Nur weil ein Berater Ihrer Bank anruft und Sie zu einem Beratungsgespräch bittet, heißt das nicht, dass Ihre Geldanlagen dringend umgekrempelt werden müssen.

Ziel. Welches Ziel verfolgen Sie mit Ihrer Geldanlage? Dient sie der Altersvorsorge oder wollen Sie sich ein neues Auto oder eine Immobilie anschaffen?

Dauer. Wann brauchen Sie Ihr Geld? Wie lange können Sie Ihr Geld entbehren?

Art. Wollen Sie einen größeren Betrag auf einmal anlegen oder jeden Monat etwas zur Seite legen?

Risiko. Welches Risiko wollen Sie eingehen? Nur wer das klar für sich definiert, kann sich dem Berater gegenüber deutlich ausdrücken. Am besten schreiben Sie in Ihren eigenen Worten auf, wie viel Risiko Sie tragen können und möchten.

Während des Gesprächs

Zeuge. Gehen Sie möglichst nicht alleine zum Beratungsgespräch und nehmen stattdessen einen Zeugen mit.

Risikoklasse. Die Begriffe der Banken für die Risikoklassen, in die sie Kunden einstufen, führen leicht in die Irre. Hinter Wörtern wie „ertrags- oder renditeorientiert" verbirgt sich ein Verlustrisiko. Wollen Sie überhaupt kein Risiko eingehen, bleiben Sie bei der Klasse 1: „Anlagen mit niedrigem Risiko" (siehe Seite 18).

Kosten. Lassen Sie sich die Kosten eines Produkts immer in Euro und Cent nennen. Prozentzahlen verschleiern deren wirkliche Höhe.

Falle. Unterschreiben Sie kein Papier, in dem steht, Sie wollten etwas „auf eigenen Wunsch" erstehen. Damit entlassen Sie den Berater aus der Pflicht, Sie anleger- und anlagegerecht zu beraten.

Kaufentscheidung. Unterzeichnen Sie keine Kaufverträge, bevor Sie sie gründlich gelesen haben. Am besten nehmen Sie die Dokumente mit nach Hause und entscheiden sich erst dann. Finden sich darin Aussagen, die Sie nicht gemacht haben oder die nicht mit Ihren Wünschen übereinstimmen, lassen Sie diese Stellen überarbeiten. Dann prüfen Sie ganz in Ruhe erneut.

Telefon. Nach einer Beratung am Telefon warten Sie besser ab, bis Sie das Protokoll in Händen halten und lesen können. Kaufen Sie noch während des Telefonats eine Geldanlage, haben Sie zwar ein Rücktrittsrecht, müssen der Bank aber Fehler im Protokoll nachweisen können.

Für Faule tabu

Bei bestimmten Dingen sollten Anleger generell vorsichtig sein – und Sie als selbst erklärter Fauler ganz besonders. Die wichtigste Faustregel lautet: „Kaufen Sie keine Geldanlageprodukte, die Sie nicht verstehen." Selbst wenn der Berater sie in den höchsten Tönen lobt, sollten Sie sich in keinem Fall zu einer Unterschrift drängen lassen.

Lassen Sie sich auch von hübschen Namen wie Colibri- oder Ringelblumen-Anleihe nicht in die Irre führen. So verpacken Banken gern Geldanlagen, die weniger harmlos sind. Häufig verbergen sich Zertifikate dahinter. Das sind meist komplizierte Produkte mit erheblichen Risiken. Sie sind nur etwas für Leute, die sich damit auskennen (siehe Seite 150).

Mit Vorliebe preisen Banken auch Produkte mit Garantien an. Das klingt vertrauenerweckend, kostet aber Rendite, und wirklich sicher sind sie selten. Möchten Sie keine Risiken eingehen, ist es besser, wenn Sie gleich auf sichere Produkte ohne Schnickschnack setzen, die wir in diesem Buch vorstellen.

Auch geschlossene Fonds sind keine gute Idee (siehe Seite 141). Im Gegensatz zu den Fonds, die wir in diesem Buch nennen, sind sie eine äußerst riskante Geldanlage, bei der Sie Ihr ganzes eingesetztes Kapital verlieren können. Selbst wenn sie nette Namen wie „Baumsparvertrag" tragen und Sie damit Teilhaber an einem Aufforstungsprojekt in Brasilien werden, sollten Sie hier vorsichtig sein.

Wenn Sie mit Ihrem Geld Gutes tun wollen, gibt es andere Möglichkeiten. Mehr dazu finden Sie in unserem Buch „Grüne Geldanlage". Allerdings ist das ein Thema, das etwas Zeit verlangt.

Wie aber erkennen Sie, ob es sich beispielsweise bei einem „Baumsparvertrag" um einen geschlossenen Fonds handelt und damit um ein extrem riskantes Produkt oder um einen gewöhnlichen Sparvertrag? Fragen Sie am besten immer genau nach, was sich hinter dem Angebotenen verbirgt. Kann Ihnen das der Berater nicht in wenigen einfachen Sätzen erklären, sollten Sie sich nach einer anderen Anlage umsehen.

Falsch beraten?

Haben Sie den Verdacht, falsch beraten worden zu sein, sollten Sie sich zunächst bei Ihrer Bank beschweren. Hilft das nicht, wenden Sie sich an die Schlichtungsstelle oder den Ombudsmann Ihrer Bank (Adressen im Internet unter www.test.de, Stichwort „Bankschlichtungsstellen"). Das Schlichtungsverfahren kostet Sie nichts.

Haben Sie auch dort keinen Erfolg, bleibt Ihnen nur der Gang zu einer Verbraucherzentrale (Adressen unter www.verbraucherzentrale.info) und zu einem Anwalt.

WELCHES ZIEL HABE ICH?

Ich will … ja, was denn eigentlich? In jungen Jahren ist es meist der nächste Urlaub oder ein neuer Computer. Andere wollen sich ein Auto zusammensparen oder träumen von einem eigenen Haus. Und für alle gilt gleichermaßen: Auch an morgen denken und fürs Alter vorsorgen. Weil diese ganzen „Ich wills…" so verschieden wie die Menschen sind, finden Sie hier Vorschläge für die wichtigsten Anlageziele.

JEDER NACH SEINER FASSON

Im Grunde funktioniert dieses Buch wie eine Art Nachschlagewerk. Bevor Sie loslegen, sollten Sie sich nur darüber klar werden, was Sie mit der Geldanlage bezwecken, also ob Sie:

- für den Notfall sparen wollen (Seite 24),
- sich einen konkreten Wunsch wie ein neues Auto erfüllen möchten (Seite 25),
- die Kinder oder Enkel in der Ausbildung unterstützen wollen (Seite 30),
- Ihren Traum vom Eigenheim verwirklichen möchten (Seite 37),
- fürs Alter vorsorgen wollen (Seite 41),
- nicht wissen, wohin mit den Vermögenswirksamen Leistungen (Seite 46),
- ob Sie einfach nur so sparen wollen (Seite 50) oder
- einen größeren Betrag anlegen möchten (Seite 54).

Jedes Ziel steht für sich, aber Sie können natürlich auch mehrere Ziele verfolgen und die Geldanlagen kombinieren.

Dann heißt es nur noch: Den Text zum Ziel lesen. Von dort werden Sie auf die Produktvorschläge geleitet, wo Sie alle weiteren Infos bis hin zum Kauf finden. Das Praktische daran ist, dass Sie gleich alle nötigen Erklärungen zu den Geldanlagen mitgeliefert bekommen. So können Sie sich selbst ein Bild davon machen, ohne auf Berater angewiesen zu sein.

Falls Sie das Gefühl haben, dass sich manches wiederholt: Wundern Sie sich nicht! Es soll das Lesen komfortabler machen, nicht ständig zwischen den Zielen und Produkten hin- und herblättern zu müssen, wenn sich die Infos doppeln beziehungsweise überschneiden.

ICH WILL GELD FLÜSSIG HABEN FÜR DEN NOTFALL

ETWAS AUF DER HOHEN KANTE BRAUCHT JEDER

Ein Notgroschen für den Fall, dass die Waschmaschine den Geist aufgibt oder die Autoreparatur doch teurer ist als gedacht muss sein. Damit Sie dann nicht in den Waschsalon gehen oder die Bank in Form eines Kredits anpumpen müssen, sollten Sie im Idealfall zwei bis drei Nettogehälter an Rücklagen haben, an die Sie im Ernstfall ohne Kündigungsfristen oder Verlust herankommen.

Fragt sich nur, wie und wo Sie die am besten ansparen und anlegen?! Frühere Generationen hätten das Geld auf das gute alte Sparbuch oder unter die Matratze gepackt. Die fortschrittliche und deutlich cleverere Alternative ist ein Tagesgeldkonto ▸ 62. Das bietet in der Regel weitaus höhere Zinsen als ein Girokonto oder Sparbuch und wird von nahezu jeder Bank angeboten.

Derzeit ist es auch die Anlageform, die die besten Renditen bietet, wenn das Geld im Notfall sofort verfügbar sein muss. Vor der Finanzkrise 2008 war die Tagesanleihe des Bundes ▸ 65 eine gute Alternative zum Tagesgeld. Momentan kann sie allerdings nicht ganz mit den guten Tagesgeldangeboten mithalten.

Falls die Zinsen am Markt jedoch weiter steigen – und vieles spricht dafür –, kann sich das Blatt schnell wieder wenden. Wenn Sie also die aktuellen Tagesgeldangebote vergleichen, prüfen Sie doch mal kurz, ob der Bund inzwischen höhere Zinsen für Ihr Geld bietet.

ICH WILL MIR ETWAS GÖNNEN

MEIN AUTO, MEIN FERNSEHER, MEINE WELTREISE

Sie möchten sich in den nächsten zehn Jahren etwas gönnen? Vielleicht liebäugeln Sie mit einer speziellen Fotoausrüstung, planen, in fünf Jahren mal für ein halbes Jahr auszusteigen und um die Welt zu reisen, oder wollen aus Ihrer Hochzeitsfeier ein rauschendes Fest machen. Egal, wofür Sie demnächst Geld brauchen: Wenn Sie sich Ihren Wunsch innerhalb der nächsten zehn Jahre erfüllen möchten, sollten Sie in puncto Geldanlage ganz auf Nummer Sicher gehen. Sie erzielen dann vielleicht nicht unbedingt die Toprenditen, haben dafür aber die Gewissheit, dass Sie gut planen können, wann Sie Ihr Sparziel erreichen.

Sie müssen nur überlegen, welchen Betrag Sie benötigen, und ausrechnen, wie hoch die Raten sein sollten, damit das Geld zu dem Zeitpunkt, an dem Sie es brauchen, tatsächlich auf Ihrem Konto ist. Dabei hilft Ihnen die Tabelle im Serviceteil auf Seite 156.

Auch wenn Sie schon einen größeren Betrag Ihr Eigen nennen, den Sie anlegen und weiter vermehren möchten, bis sie ihn brauchen, sollten Sie keinerlei Risiken eingehen.

Anders sieht es aus, wenn Ihr Sparziel in weiter Ferne liegt. Brauchen Sie Geld, weil Sie beispielsweise in ungefähr zwölf Jahren auswandern oder in 15 bis 20 Jahren eine eigene Praxis eröffnen wollen, kommen auch renditestärkere Anlageformen in Betracht. Dann haben Sie die gleichen Optionen wie beispielsweise Eltern, die in vielen Jahren die Ausbildung ihrer Kinder finanzieren möchten, und können auf Seite 32 unter „Ich spare dafür" weiterlesen.

FALL 1: ICH SPARE DAFÜR

Um sich Wünsche wie einen neuen Fernseher, den Traumwagen oder tatsächlich eine Reise um die Welt in den nächsten zehn Jahren erfüllen zu können, müssen die meisten klein anfangen. Hier gilt das Sprichwort „Auch Kleinvieh macht Mist" – zumindest, wenn es richtig angelegt wird.

Für alle, die flexibel oder regelmäßig einen Betrag dafür sparen wollen, eignet sich ein Tagesgeldkonto ▸ 62 . Damit ist Ihr Geld sicher und relativ gut verzinst angelegt, und Sie können jederzeit darüber verfügen. Gute Konditionen bieten auch manche Sparkonten ▸ 67 . Bei einem Sparkonto müssen Sie meist eine dreimonatige Kündigungsfrist einhalten, wenn Sie über 2 000 Euro im Monat abheben wollen.

Falls Sie zu den Menschen gehören, die sich schwer damit tun, Geld wegzulegen, und sich Selbstdisziplin auferlegen müssen, um es nicht zu verjubeln, kommt ein Banksparplan ▸ 77 infrage. Bankparpläne haben häufig eine fixe Laufzeit und Ratenhöhe oder aber eine dreimonatige Kündigungsfrist statt fester Laufzeit. Höhere Zinsen als bei einem guten Tagesgeldkonto sind jedoch derzeit selten.

Haben Sie es mit der Wunscherfüllung nicht so eilig und mehr als sieben Jahre Zeit, ist Rendite-Bausparen ▸ 94 eine gute Wahl. Verglichen mit anderen sicheren Anlagen ist diese Bausparvariante momentan gut verzinst. Sie lohnt sich aber wegen des Schlussbonus erst, wenn Sie bis zum Vertragsende durchhalten.

FALL 2: ICH HABE SCHON EINEN GRÖSSEREN BETRAG

Haben Sie schon mehrere Tausend Euro für die Erfüllung Ihres Wunsches angespart, geht es nur noch darum, dieses Geld so anzulegen, dass es sich möglichst gut und sicher vermehrt, bis Sie es einsetzen möchten. Dann können Sie es in Produkte stecken, die oft höhere Zinsen bieten als etwa ein Tagesgeldkonto. Für Faule kommen vor allem Festgeld ▸ 69 oder Sparbriefe ▸ 72 infrage. Ein größerer Anlagebetrag ist dafür häufig Voraussetzung. Bei beiden Produkten vereinbaren Sie eine feste Laufzeit und bekommen feste Zinsen.

Zurzeit sind die Zinsen trotz der Zinserhöhungen durch die Europäische Zentralbank noch sehr niedrig. Mehr als 4 Prozent sind auch bei mehrjährigem Festgeld kaum drin. Brauchen Sie das Geld in fünf oder sechs Jahren können Sie es natürlich einfach so lange festlegen. Das ist am unkompliziertesten. In einer Niedrigzinsphase ist es allerdings eine Überlegung wert, das Geld erst einmal nur für drei Jahre in

Festgeld oder Sparbriefe zu stecken, um die Möglichkeit zu haben, dann bei einer Neuanlage eventuell von gestiegenen Zinsen profitieren zu können.

Neben Festgeld und Sparbriefen sind auch Bundesschatzbriefe ▶ 74 im Grunde eine Alternative, falls Sie sich etwas mehr Flexibilität bewahren möchten. Sie laufen je nach Typ sechs oder sieben Jahre. Kündigen können Sie sie bereits nach einem Jahr. Allerdings sind sie derzeit noch schlecht verzinst. Weil sich auch das jederzeit wieder ändern kann, sollten Sie einfach prüfen, ob sich die Zinsen für Bundesschatzbriefe inzwischen wieder nach oben bewegt haben.

WARUM NICHT EINFACH FINANZIEREN?

Für die meisten muss es noch nicht einmal der Traumwagen sein. Oft sind die Wünsche viel kleiner – und wollen dennoch irgendwie finanziert werden. Die wenigsten können das Geld dafür einfach aus der Tasche zaubern und müssen es sich mühsam absparen. Doch warum eigentlich? Warum nicht einfach leihen? Gerade in Zeiten niedriger Zinsen wie derzeit müsste sich das doch lohnen?! Die Banken werben für ihren „günstigen Festpreiskredit", ein „Konjunkturpaket", mit dem sich 25 Prozent des Zinssatzes sparen lassen, oder mit „Mini-Zinsen für Maxi-Wünsche". Das Problem ist nur, bei allen Angeboten den Durchblick zu behalten und die passende Kreditform zu finden.

Dispositionskredit

Die bekannteste und einfachste Möglichkeit, sich Geld zu leihen, ist der Dispositionskredit – kurz Dispo genannt. Er erlaubt Ihnen, Ihr Girokonto zu überziehen und am Automaten Geld zu bekommen, obwohl das Gehalt schon lange aufgebraucht ist. Und das alles, ohne extra einen Kreditvertrag abschließen zu müssen. Überweist der Arbeitgeber am Monatsende das Gehalt oder gleichen Sie Ihr Konto anderweitig aus, zahlen Sie den Kredit quasi zurück. Ob und bis zu welchem Rahmen Sie in die Kreide gehen können, gibt die Bank vor.

In vielen Fällen liegt der Dispo beim Zwei- bis Dreifachen des regelmäßigen monatlichen Geldeingangs. Sie können den Kreditrahmen auch auf wenige Hundert Euro beschränken oder ihn nur für eine begrenzte Zeit aufstocken. Allerdings lässt sich die Bank das Ganze fürstlich bezahlen. Denn mit Dispozinsen, die derzeit etwa zwischen 7 und 15 Prozent liegen, ist solch ein Kredit vergleichsweise teuer. Ist das Konto kräftig im Minus, machen die Banken ein prima Geschäft. Passiert das nur kurzzeitig, bleibt es bei Kosten von wenigen Euro. Ist es eher die Regel, summiert sich das zu ansehnlichen Beträgen. In dem Fall sollten Sie nicht aus Bequemlichkeit an Ihrem Dispo festhalten, sondern lieber überlegen, ob nicht stattdessen ein Abruf- oder ein Ratenkredit infrage kommt.

Abruf- oder Rahmenkredit

Über einen Abrufkredit, auch Rahmenkredit genannt, können Sie Geld zu güns-

tigeren Zinsen als beim Dispo leihen. Da er unabhängig vom Girokonto angeboten wird, sind Sie nicht an Ihre Hausbank gebunden. Statt einer festen Summe bekommen Sie von der Bank einen festen Kreditrahmen zur Verfügung gestellt. Es bleibt Ihnen überlassen, ob Sie den gesamten Betrag auf einmal, häppchenweise oder nur einen Teil in Anspruch nehmen. Oft liegt der Mindestauszahlbetrag

INFO **Achtung: Schufa-Falle**

Ihre Kreditwürdigkeit können Banken auch mithilfe Ihrer Schufa-Daten ermitteln. Fragt die Bank Ihre Daten bei einer Auskunftei wie der Schufa ab, erfährt sie unter anderem, wie viele Girokonten und Kreditkarten Sie besitzen. Zudem, ob Sie bereits woanders einen Kredit aufgenommen haben, in der Vergangenheit einen nicht regulär zurückzahlen konnten oder sogar Privatinsolvenz anmelden mussten. Gestattet ist diese Abfrage dann, wenn die Bank Sie vorab um Erlaubnis fragt und Sie zustimmen. Andernfalls verstößt sie gegen das Bundesdatenschutzgesetz. In den letzten Jahren haben unsere Tests mehrfach gezeigt, dass es immer noch Bankberater gibt, die sich über diese Regelung hinwegsetzen.

Wenn Sie bei verschiedenen Banken Konditionen für Ratenkredite vergleichen, kann die Abfrage der Schufa-

Daten ihre Tücken haben, da sich dadurch Ihr sogenannter Scorewert verschlechtern kann, der Auskunft über Ihre Kreditwürdigkeit gibt. Geben Bankmitarbeiter, bei denen Sie Kreditkonditionen vergleichen wollen, bei der Schufa-Abfrage als Grund „Anfrage Kredit" ein, verschlechtert sich Ihre Einstufung. Das liegt daran, dass die Schufa registriert, dass Sie sich zwar nach einem Kredit erkundigt, diesen aber nicht in Anspruch genommen haben. Den Grund dafür kennt sie nicht, was zu einer schlechteren Bewertung führt. Die Folge ist, dass Ihnen der Bankberater wahrscheinlich einen Kredit zu schlechteren Konditionen anbietet. Um das zu verhindern, weisen Sie ihn vorsorglich darauf hin, nicht „Anfrage Kredit", sondern „Anfrage Kreditkonditionen" anzugeben. Das hat keinen Einfluss auf Ihren Scorewert.

bei 500 Euro, in manchen Fällen sogar bei 2 500 Euro. Genauso flexibel, wie Sie ihn nutzen, können Sie den Abrufkredit auch zurückzahlen. Allerdings verlangen die Banken in der Regel eine monatliche Mindestrate von 2 Prozent des Kreditbetrags. Sonderzahlungen oder die vollständige Tilgung sind jederzeit möglich.

Der Haken an der Sache sind die variablen Zinsen, die dafür sorgen können, dass Sie schnell den Überblick über die Gesamtkosten des Kredits verlieren.

Ratenkredit

Wer nicht nur ab und zu einen größeren Kreditrahmen, sondern gleich eine größere Menge Geld braucht, ist mit einem Ratenkredit besser bedient. Hier steht beim Abschluss genau fest, zu welchem Zinssatz Sie das Geld leihen und wie viel Sie monatlich tilgen müssen. Zu den Kreditzinsen kommen meist noch Bearbeitungsgebühren in Höhe von 2 bis 4 Prozent der Darlehenssumme.

Das alles klingt erst einmal gar nicht schlecht. Allerdings zeigt die Praxis, dass nicht alle Kunden die Chance haben, einen Kredit zu günstigen Konditionen mit Zinsen von derzeit um die 5 Prozent zu bekommen. Entscheidend ist Ihre Bonität, also die Frage, für wie kreditwürdig die Bank Sie hält. Überprüft wird diese per Einkommensnachweis. Zusätzlich tätigt die Bank eine Anfrage bei der Schufa und prüft über bankeigene Scoring-Systeme, wie es um Ihre Zahlungsmoral bestellt ist. Läuft es dumm, kann es sein, dass Sie ei-

nen um 4 bis 5 Prozent höheren Zins zahlen müssen als andere. Worauf Sie achten sollten, finden Sie im Kasten links.

Noch teurer kann es werden, wenn Sie zum Abschluss einer sogenannten Restschuldversicherung gedrängt werden oder diese sogar zur Bedingung für den Ratenkredit gemacht wird. Das treibt den Darlehenszins so weit nach oben, dass er sich oft nicht mehr rechnet. Bieten Sie der Bank stattdessen eine Lebens- oder Rentenversicherung als Sicherheit an, falls Sie eine haben.

Mit Null-Prozent-Finanzierung

Eine besondere Form des Ratenkredits ist die Null-Prozent-Finanzierung, mit der beispielsweise Möbel- oder Autohäuser Kunden locken. Dabei fallen überhaupt keine Zinsen an. Sie wird bei Verbrauchern immer beliebter, die sich fragen, warum sie die neuen Möbel, das Auto oder Elektronikartikel nicht kostenlos auf Pump finanzieren sollen.

Aber ganz gratis ist die Null-Prozent-Variante häufig nicht. Auch hier sollten Sie genau hinschauen, was Sie unterschreiben. Bei vielen Angeboten werden andere Gebühren erhoben, wie eine Bearbeitungs- oder Kontoführungsgebühr, die dann zu Zinsen in ähnlicher Höhe führen wie bei einem üblichen Ratenkredit.

ICH WILL DIE AUSBILDUNG DER KINDER ODER ENKEL FINANZIEREN

ES BLEIBT NOCH VIEL ZEIT

Sobald man eine Familie hat, geht es nicht nur darum, für sich selbst vorzusorgen, sondern auch für den Nachwuchs. Und dafür benötigen Eltern vor allem Geld. Denn die lieben Kleinen brauchen nicht nur Luft und Liebe, sondern auch Zahnspangen, Klassenreisen, den Führerschein, eine Ausbildung oder ein Studium und vieles mehr. Ein längerer Auslandsaufenthalt für Schüler ist beispielsweise aus dem laufenden Gehalt meist kaum zu bezahlen. Im Schnitt müssen Eltern für die ersten 18 Lebensjahre ihres Kindes rund 100 000 Euro springen lassen. Danach beginnt etwa ein Drittel eines Geburtenjahrgangs ein Studium, das leicht 50 000 Euro verschlingt. Da die wenigsten Familien das nötige Kleingeld dafür aus dem Ärmel schütteln können, hilft es, wenn Eltern oder Großeltern beizeiten anfangen, Geld

zurückzulegen. Wer beispielsweise ab der Geburt jeden Monat 100 Euro anspart, kommt bei einem Nachsteuerzins von 3 Prozent in 20 Jahren auf 32 766 Euro (siehe Tabelle Seite 156).

Steuerlich kann es günstig sein, Geld auf den Namen des Kindes anzulegen. Das können auch Verwandte wie Großeltern, Tanten, Onkel oder Paten. Dazu braucht es nur eine Vollmacht der Erziehungsberechtigten. Läuft das Sparvermögen auf den Namen des Kindes, sollten Sie jedoch vorsichtig sein, wenn Sie Geld abheben. Das Finanzamt will nämlich einen Nachweis, dass Sie es für das Kind verwenden. Sonst kann es sein, dass Sie die Erträge im Nachhinein versteuern müssen. Außerdem sollten Sie bestimmte Grenzen beachten, damit nicht doch noch Steuern darauf fällig werden oder es womöglich Probleme mit der Mitversicherung in der gesetzlichen Krankenkasse oder der Kindergeldzahlung gibt. Mehr dazu erfahren Sie auf Seite 131.

Aber welche Sparform ist denn nun die beste? Eigentlich klingt eine Ausbildungsversicherung erst einmal nach der perfekten Lösung: Wenn das Kind 18 oder 20 Jahre alt ist, wird garantiert Geld ausgezahlt – sogar, wenn die Eltern oder Großeltern vorher sterben und gar nicht weiter einzahlen konnten. Leider ist diese Sparform so teuer und unflexibel, dass sie grundsätzlich nicht infrage kommt (siehe Kasten unten). Denn bei der Vorsorge für die Ausbildung der Kinder oder Enkel geht es nicht darum, sie für einen eventuellen Todesfall abzusichern, sondern darum,

INFO **Hände weg von Ausbildungsversicherungen**

Es gibt durchaus Versicherungen für Kinder, die sinnvoll sind: Ausbildungsversicherungen gehören allerdings nicht dazu! Das Sparen über solche Policen lohnt sich nie. Denn eine Ausbildungsversicherung ist eine Mischung aus Sparen und Versichern, bei der durch hohe Provisionen und Verwaltungskosten viel Geld verloren geht statt sich zu vermehren.

Je älter Sie als Kunde sind, umso teurer wird sie. Denn ein großer Teil von dem, was Sie einzahlen, fließt in die Risikovorsorge für den Fall, dass Sie sterben. Ein weiterer geht für die Abschlusskosten drauf, beispielsweise für das Honorar des Vermittlers. Dazu kommen noch Verwaltungs- und andere Kosten. Nur den kleinen Teil, der übrig bleibt, sparen Sie für die Ausbildung der Kinder oder Enkel an. Derzeit garantieren die Versicherer eine Mindestverzinsung von 2,25 Prozent, ab 2012 nur noch 1,75 Prozent, und das nur auf den mickrigen Teil, der tatsächlich angespart wird. Zum Garantiezins kommen Überschüsse – wenn denn überhaupt welche erwirtschaftet werden. Damit wird zwar geworben, garantieren wird Ihnen das aber niemand. Kündigen Sie vorzeitig, bekommen Sie nur wenig heraus, weil die Abschlusskosten gleich zu Beginn abgezogen werden. Das macht eine solche Ausbildungsversicherung auch noch sehr unflexibel. Das stärkste Argument für deren Abschluss ist meist, dass der Versicherer den Vertrag bis zum Ablauf aus eigenen Mitteln fortführt, falls der Einzahlende vorher stirbt. Diese Sicherheit bekommen Sie aber deutlich günstiger, indem Sie mit einem kleinen Teil des Geldes eine preiswerte Risikolebensversicherung abschließen (siehe Seite 11). Dann bleibt genug übrig, das für Ausbildung oder Studium gespart werden kann.

das Geld möglichst lukrativ anzulegen, damit es sich vermehrt.

Welche Geldanlagen sich besonders eignen, um die Ausbildung der Kinder oder Enkel zu finanzieren, hängt vor allem davon ab, wie viel Zeit bis dahin noch ins Land geht. Fangen sie voraussichtlich schon in den nächsten zehn Jahren mit der Ausbildung an, sind ein Tagesgeld-konto oder ein Banksparplan die bessere Wahl als beispielsweise ein Aktienfonds. Denn bei einem konkreten Anlageziel in nicht allzu ferner Zukunft sollten Sie keinerlei Risiken eingehen. Haben Sie also weniger als ein Jahrzehnt Zeit, lesen Sie am besten unter „Ich will mir etwas gönnen" auf Seite 26 weiter und folgen den dortigen Empfehlungen.

FALL 1: ICH SPARE DAFÜR

Der zukünftige Azubi oder die spätere Studentin trägt noch Windeln, lernt gerade, sich die Schuhe zu binden oder macht die ersten Schreibversuche? Dann bleiben noch gut und gern 10, 15, 18 oder mehr Jahre, bis es so weit ist, dass sie oder er eine Ausbildung oder ein Studium beginnt – viel Zeit, um eine ansehnliche Summe anzusparen. Das hat noch einen zweiten Vorteil: Bleibt noch viel Zeit, haben Sie mehr Möglichkeiten, das Geld lukrativ anzulegen – egal ob Sie für die Ausbildung von Sohn oder Tochter sparen oder ob Sie vielleicht selbst einmal Geld brauchen. Das liegt daran, dass bei einem Anlagezeitraum von über einem Jahrzehnt die Risiken von Fonds überschaubar werden –, wenn man einen geeigneten wählt.

Ob Fonds überhaupt für Sie infrage kommen, hängt von Ihrem Nervenkostüm ab. Überlegen Sie also erst einmal, welche Risiken Sie verkraften können, bevor Sie sich für eine Anlageform entscheiden. In ein halsbrecherisches Abenteuer stürzen Sie sich mit keiner der Varianten, die wir hier vorstellen.

Für Sicherheitsbewusste

Der Gedanke, dass eine Anlage zwischendurch ein Minus von nur einem Prozentpunkt macht, bereitet Ihnen ein mulmiges Gefühl? Es wäre Ihnen bedeutend wohler, wenn es langsam, aber stetig bergauf ginge? Dann sollten Sie den Boden der 100-prozentig sicheren Anlagemöglichkeiten besser nicht verlassen.

Wer über einen langen Zeitraum risikolos sparen möchte, erzielt derzeit mit Rendite-Bausparen ▶ 94 die höchsten Zinsen, vorausgesetzt er setzt auf das richtige Produkt und der Vertrag wird nicht vor Ablauf gekündigt. Beim Rendite-Bausparen können Sie in der Regel auch während der Laufzeit Sonderzahlungen leisten oder die Raten anpassen: perfekt, um Geldgeschenke mit anzulegen.

Flexibler bleiben Sie, wenn Sie einen Dauerauftrag für ein Tagesgeldkonto ▸ 62 einrichten. Das ist sehr einfach und bequem, wirft aber momentan weniger ab als Rendite-Bausparen. Zudem sollten Sie bei einer so langen Laufzeit alle paar Jahre prüfen, ob die Zinsen, die Sie für Ihr Tagesgeldkonto bekommen, mit der Konkurrenz mithalten können. Denn die Banken können die Zinsen bei Tagesgeldkonten jederzeit ändern.

Auch Banksparpläne ▸ 77 sind prinzipiell eine Möglichkeit, um sicher regelmäßig zu sparen. Sie sind allerdings vergleichsweise unflexibel und derzeit nicht besonders gut verzinst. Das kann sich jedoch wieder ändern.

Tipp: Wenn Sie vermögenswirksame Leistungen bekommen, können Sie auch diese dafür verwenden, um für Ihren Nachwuchs Geld anzusparen. Sie können die Leistungen sogar auf einen Vertrag fließen lassen, den Sie auf den Namen Ihres Kindes abschließen. Welche Produkte dann infrage kommen, lesen Sie ab Seite 46.

Etwas höhere Renditechancen

Bei einer Laufzeit von mehr als zehn Jahren kommt für bequeme Sparer auch ein Sparplan auf Rentenindexfonds (ETF) ▸ 90 infrage. Damit gehen Sie kein großes Risiko ein und die Renditechancen sind auf lange Sicht etwas höher als beim Rendite-Bausparen oder bei Tagesgeldkonten. Es kann zwar sein, dass der Fonds zwischendurch ein Minus von wenigen Prozentpunkten macht. In der Regel holt

er das aber schnell wieder auf. Es ist äußerst unwahrscheinlich, mit einem Rentenindexfonds nach zehn Jahren Spardauer Verlust zu machen.

Mit einem solchen Sparplan bleiben Sie relativ flexibel. Sie können die Höhe der Raten jederzeit ändern oder die Zahlung stoppen und das bis dahin Ersparte im Fonds lassen. Nur die Wahl eines geeigneten Fonds ist nicht ganz so bequem. Um Ihnen auch das möglichst einfach zu machen, finden Sie alle nötigen Infos unter dem Produkt unter „Die Schritte zum Kauf".

Für Risikobereitere

Wer kein gar so ausgeprägtes Sicherheitsbedürfnis hat und etwas mehr aus seinem Geld herausholen will, kann dem Sparplan auf Rentenindexfonds (ETF) ▸ 90 auch Aktienindexfonds (ETF) ▸ 83 beimischen. Beim bloßen Gedanken daran legt sich bei den meisten Eltern und Großeltern wohl die Stirn in Falten. Das ist aber gar nicht nötig: Die Risiken halten sich bei Laufzeiten von mehr als zehn Jahren in vertretbaren Grenzen. Und Aktienfonds eignen sich bestens als Zugabe, um die Renditechancen zu erhöhen.

Die Beimischung funktioniert, indem Sie bei Ihrer Bank zwei Sparpläne abschließen: einen auf Renten- und einen auf Aktienindexfonds. Legen Sie relativ viel Wert auf Sicherheit, sollten Sie nicht mehr als 15 Prozent der Sparrate in den Aktienindexfonds stecken. Sind Sie risikobereiter, verkraften Sie 40 Prozent.

Damit Sie sich eine ungefähre Vorstellung davon machen können, in welchem Verhältnis Renditechancen und Risiken zueinander stehen, haben wir die Zahlen der letzten 30 Jahre ausgewertet und Wahrscheinlichkeiten berechnet.

Durchschnittlich erzielten Mischungen mit einem Aktienanteil von 15 Prozent eine Rendite von 7,6 Prozent, solche mit 40 Prozent Aktienanteil 8,4 Prozent im Jahr. Lief es an der Börse sehr ungünstig, erzielten die Mischungen nach zehn Jahren Laufzeit bei einem Aktienanteil von 15 Prozent immer noch eine Rendite von jährlich 3,8 Prozent. Bei 40 Prozent Aktienanteil betrug die Rendite im schlechtesten Fall noch 2 Prozent. Weitere Zahlen finden Sie im Kasten auf Seite 52.

Eine Garantie, dass es in Zukunft genauso läuft, gibt es allerdings nicht. Und:

Es kann bei Turbulenzen an der Börse zwischendurch zu starken Schwankungen kommen, was dazu führt, dass Ihre Anlage auch einmal deutlich im Minus ist. Je höher der Aktienanteil, desto stärker fallen die Schwankungen aus. Das müssen Sie verkraften können.

Ein kleiner Tipp, falls jeden Monat nur ein geringer Betrag übrig bleibt, der sich schwer splitten lässt: Legen Sie das Geld vierteljährlich statt monatlich an. So können Sie Ihre Sparrate besser aufteilen. **Beispiel:** Von 100 Euro im Monat bleiben bei Sicherheitsbewussten nur 15 Euro für den Sparplan auf Aktienindexfonds. Zu wenig, da viele Fonds eine Mindestsumme von 25 Euro voraussetzen. Im Quartal wären es aber 45 Euro. Den Rentenindexfonds könnten Sie monatlich besparen.

FALL 2: ICH HABE SCHON EINEN GRÖSSEREN BETRAG

Manche Eltern haben schon Rücklagen und müssen sich keine Sorgen machen, dass es für die Ausbildung der Kinder später einmal finanziell knapp werden könnte: Die Großeltern haben vielleicht kurz nach der Geburt der Enkel eine größere Summe übertragen, damit diese später studieren können, oder sie haben selbst schon gespart. Das Einzige, worum sie sich noch Gedanken machen müssen: Was tun mit dem Geld, damit es sich gut verzinst und ganz sicher zu Ausbildungsbeginn zur Ver-

fügung steht, wenn man sich nicht allzu intensiv darum kümmern möchte?

Für Sicherheitsbewusste
Wer langfristig bequem und ohne jegliches Risiko einen größeren Betrag anlegen möchte, fährt mit Festgeld ▶69 oder Sparbriefen ▶72 am besten, auch wenn es dafür zur Zeit nicht mehr als 3 bis 4 Prozent gibt. Worauf Sie dabei achten sollten, können Sie unter den jeweiligen Produkten nachlesen.

Für Risikobereitere

Wollen Sie es mit der Faulheit nicht übertreiben, gibt es eine renditeträchtigere Alternative, mit der Sie keinen Verlust riskieren. Alles was im schlimmsten Fall passieren kann, ist, dass Sie am Ende nicht viel mehr haben, als Sie jetzt schon besitzen. Fachleute nennen diese Art der Absicherung Garantiedepot.

Das funktioniert ganz einfach, indem Sie den Betrag, den Sie anlegen möchten, splitten: Einen Teil der Summe legen Sie sicher an. Die Höhe dieses sicheren Anteils wählen Sie so, dass Sie mit Zins und Zinseszins am Ende mindestens den gleichen Betrag wie jetzt zur Verfügung haben. So schaffen Sie sich Ihr eigenes Sicherheitsnetz.

Beispiel: Für eine sichere Geldanlage bekommen Sie derzeit etwa 3 Prozent Zinsen. Angenommen, Sie haben 20 000 Euro und benötigen das Geld in zehn Jahren. Legen Sie 14 900 Euro davon zu 3 Prozent Zins an, haben Sie nach zehn Jahren mit Zins und Zinseszins wieder in etwa 20 000 Euro.

Weil Sie von Ihren ursprünglichen 20 000 Euro nur 14 900 Euro sicher anlegen, bleiben Ihnen die restlichen 5 100 Euro, um damit mehr herauszuholen. Die können sie in einen Aktienindexfonds (ETF) ▸ 83 investieren. Damit riskieren Sie zwar etwas mehr, haben aber deutlich höhere Renditechancen. Das Beruhigende: Selbst im eher unwahrscheinlichen Fall, dass der Fonds nach einer Laufzeit von zehn Jahren deutlich im Minus liegt, haben Sie nichts verloren, da Sie durch Ihren Sicherheitspuffer geschützt sind. Läuft der Fonds durchschnittlich gut, können Sie damit Renditen von rund 8 Prozent jährlich erzielen. Die Tabelle auf der folgenden Seite hilft Ihnen bei der Aufteilung des Betrags.

Für den Teil, den Sie sicher anlegen, eignen sich wieder Festgeld ▸ 69 oder Sparbriefe ▸ 72 am besten. Allerdings kann es in einer Phase niedriger Zinsen von 3 oder 4 Prozent lukrativer sein, erst einmal nur eine Laufzeit von maximal drei Jahren zu wählen. Dann haben Sie danach eventuell die Chance, höhere Zinsen zu erzielen. Längere Laufzeiten sind nur dann sinnvoll, wenn Sie mit höheren Zinsen dafür belohnt werden, dass Sie Ihr Geld länger aus der Hand geben.

INFO **Ein Auszahlplan macht's möglich**

Sie möchten, dass Ihr Kind oder Enkel während des Studiums oder der Ausbildung Monat für Monat eine feste Rate ausbezahlt bekommt? Dann kann ein Bankauszahlplan eine Option sein. Weitere Infos dazu finden Sie unter „Ich will von meinen Ersparnissen leben" (siehe Seite 56).

IHR PERSÖNLICHES SICHERHEITSNETZ

So viele Euros müssen Sie etwa in einem Festzinsprodukt mit einer Rendite von … Prozent pro Jahr anlegen, damit nach … Jahren auf keinen Fall ein Verlust entsteht. [1]

	2 Prozent	3 Prozent	4 Prozent	5 Prozent
Anlagebetrag 10 000 Euro [2]				
10 Jahre	8 200	7 400	6 800	6 100
12 Jahre	7 900	7 000	6 200	5 600
15 Jahre	7 400	6 400	5 600	4 800
18 Jahre	7 000	5 900	4 900	4 200
20 Jahre	6 700	5 500	4 600	3 800
Anlagebetrag 20 000 Euro				
10 Jahre	16 400	14 900	13 500	12 300
12 Jahre	15 800	14 000	12 500	11 100
15 Jahre	14 900	12 800	11 100	9 600
18 Jahre	14 000	11 700	9 900	8 300
20 Jahre	13 500	11 100	9 100	7 500
Anlagebetrag 50 000 Euro				
10 Jahre	41 000	37 200	33 800	30 700
12 Jahre	39 400	35 100	31 200	27 800
15 Jahre	37 200	32 100	27 800	24 100
18 Jahre	35 000	29 400	24 700	20 800
20 Jahre	33 600	27 700	22 800	18 800

1) Alle Zahlen sind auf Hundert-Euro-Beträge gerundet.

2) Haben Sie einen Anlagebetrag, der hier nicht genannt ist, können Sie selbst rechnen. Beispiel: Sie haben 40 000 Euro. Dann schauen Sie unter 20 000 Euro und verdoppeln den Betrag, den Sie dort finden. Bei zehn Jahren Laufzeit und 3 Prozent Zinsen wären es dann 2 x 14 900 Euro, also etwa 29 800 Euro, die Sie sicher anlegen müssten, damit keine Verluste entstehen können.

ICH WILL EIN EIGENHEIM

IST DAS WIRKLICH ETWAS FÜR MICH?

Jahrelang galt das Häuschen im Grünen als konservativ und Inbegriff von Spießigkeit. Das hat sich grundlegend geändert. Inzwischen sehen wieder viele die Vorteile, die ein Eigenheim zu bieten hat. Dazu gehören Mietfreiheit im Alter und der bleibende Wert. Nicht zuletzt sind die eigenen vier Wände für die meisten ein langgehegter Lebenstraum und ein Stück Selbstverwirklichung.

Egal, ob Sie sich Ihr Traumhaus von einem Architekten bauen lassen, eine „gebrauchte" Immobilie umbauen, ein Fertighaus bestellen oder eine Eigentumswohnung kaufen: Sie brauchen dafür vor allem Geld. In der Regel mindestens 20 bis 30 Prozent der Gesamtsumme als Eigenkapital, den Rest als Kredit. Der wird umso günstiger, je mehr Geld Sie schon auf der hohen Kante haben.

Beispiel: Ein gebrauchtes Reihenhaus mit 100 bis 120 Quadratmeter Wohnfläche gibt es in vielen Städten für deutlich unter 200 000 Euro, eine vergleichbar große Eigentumswohnung häufig schon für 150 000 Euro und weniger. Bringen Sie für eine solche Wohnung 20 Prozent Eigenkapital mit und können die Nebenkosten aus eigenen Mitteln finanzieren, bräuchten Sie für den Kauf einen Kredit über 120 000 Euro. Bei 5 Prozent Zinsen und 2 Prozent Tilgung könnten Sie den mit einer Monatsrate von rund 700 Euro im Lauf von 25 Jahren abbezahlen.

Dank der nach wie vor niedrigen Zinsen und vergleichsweise günstigen Immobilienpreise sind selbst genutzte Immobilien momentan auch für Durchschnittsverdiener erschwinglich. Allerdings sind sie beileibe nicht jedem zu empfehlen.

Nur wer bestimmte persönliche Voraussetzungen mitbringt, wird sein Eigenheim auf Dauer entspannt genießen können. Zum einen müssen Sie die finanzielle Belastung über viele Jahre schultern können. Zum anderen dürfen Sie das Geld auf lange Sicht nicht für etwas anderes benötigen. Außerdem macht eine Immobilie nur dann Sinn, wenn Sie wirklich dauerhaft darin leben wollen und können. Wer wegen seines Jobs gezwungen ist, alle paar Jahre umzuziehen, sollte sich keinen solchen Klotz ans Bein binden. Nicht zuletzt ist der Arbeitsaufwand, den ein Eigenheim mit sich bringt, nicht jedermanns Sache. Deshalb taugen nur diejenigen zum Im-

mobilienbesitzer, die genügend Zeit dafür und Lust darauf haben.

Vor Risiken wie Arbeitslosigkeit, Krankheit oder Scheidung ist niemand gefeit. Um in solchen Situationen dennoch nicht in eine finanzielle Notlage zu kommen, sollten Sie die Finanzierung nicht zu knapp kalkulieren und eine Sicherheitsreserve einbauen. Sonst stehen Sie am Ende ohne Haus und Geld da.

Je nachdem, ob Sie regelmäßig auf Ihr Eigenheim sparen oder schon einen größeren Betrag haben, den Sie anlegen wollen, bis Sie sich Ihre eigenen vier Wände leisten, kommen verschiedene Anlageformen infrage.

FALL 1: ICH SPARE DAFÜR

Derzeit kostet ein Eigenheim in Deutschland durchschnittlich 200 000 Euro. Den Großteil davon finanzieren die meisten Käufer auf Kredit. Nichtsdestotrotz braucht jeder einen Grundstock an Eigenkapital: je mehr, desto besser. Denn je weniger Geld Sie sich leihen müssen, desto weniger Zinsen müssen Sie zahlen. Ein netter Nebeneffekt ist, dass viel Eigenkapital auch Ihre Verhandlungsposition gegenüber den Banken stärkt. Sie haben dann die Chance, Kredite, die Sie aufnehmen müssen, etwas günstiger zu bekommen. Um möglichst viel davon anzuhäufen, sollten Sie frühzeitig mit dem Sparen beginnen.

Sparen mit Riester

Erste Wahl fürs Eigenheimsparen sind Bausparverträge und Banksparpläne. Allerdings nicht irgendwelche, sondern solche mit dem Zauberwort „Riester" im Namen, weil die vom Staat gefördert werden (siehe Kasten rechts).

Das komplette Vermögen aus einem solchen Riester-Vertrag können Sie als Eigenkapital für Ihre eigenen vier Wände einsetzen. Der Vorteil ist, dass Sie durch staatliche Zulagen und Steuervorteile mehr Geld anhäufen können als mit einem ungeförderten Vertrag. Auf diese Weise sparen Sie sich einen Teil des Kredits und der Zinsen.

Doch nicht jeder bekommt die Förderung. Riestern können nur Pflichtmitglieder der gesetzlichen Rentenversicherung sowie Beamte, Soldaten, Angestellte des öffentlichen Dienstes und Künstler, wenn sie Mitglied der Künstlersozialkasse sind. Dazu kommen in bestimmten Fällen Ehepartner von Förderberechtigten. Weil bei allen Riester-Produkten die eingezahlten Beiträge plus die staatlichen Zulagen garantiert sind, lohnt sich diese Form des Ansparens für Familien mit Kindern und Geringverdiener ebenso wie für Singles oder Angestellte mit hohem Gehalt.

Die Förderung erhält jeder nur einmal: Sie können also nicht zwei Verträge mit Riester-Förderung abschließen. Generell ist Riester-Sparen mit Rentenversicherungen, Bank- und Fondssparplänen und Bausparverträgen möglich. Auch die Tilgung eines Darlehens zur Eigenheimfinanzierung wird gefördert.

Zwar könnten Sie alle Riester-Verträge zur Finanzierung Ihres Eigenheims einsetzen, tatsächlich geeignet dafür sind aber nur Riester-Bausparverträge und Riester-Banksparpläne.

Riester-Bausparverträge ▶ 98 sind erste Wahl, wenn Sie sicher sind, dass Sie Ihre Eigenheimpläne in die Tat umsetzen werden. Sind Ihre Pläne eher vage, ist ein Riester-Banksparplan ▶ 105 die bessere

INFO Wie hoch ist die Riester-Förderung?

Bei allen Produkten, die unter dem Label „Riester" laufen, schießt der Staat Geld zu. Pro Jahr sind es:

- 154 Euro Grundzulage plus
- 185 Euro für jedes vor 2008 geborene Kind oder
- 300 Euro für jedes Kind, das später geboren ist.

Die einmalige Sonderzulage von 200 Euro bekommt nur, wer beim Abschluss unter 25 Jahre alt ist.
Um in den Genuss der vollen Förderung zu kommen, müssen Sie einen Riester-Vertrag abschließen und jährlich mindestens 4 Prozent Ihres Bruttoeinkommens abzüglich der Zulage einzah-

len, insgesamt aber nicht mehr als 2 100 Euro. Zahlen Sie weniger, werden die Zulagen anteilig gekürzt.
Riester-Beiträge bis zu 2 100 Euro im Jahr sind zudem als Sonderausgaben steuerlich absetzbar. Die Zulagen werden allerdings von der möglichen Steuerersparnis abgezogen. Nur wenn diese höher ist, sparen Riester-Kunden unterm Strich zusätzlich noch Steuern. Klingt kompliziert, ist es aber nicht: Wollen Sie keine Förderung verschenken, aber auch nicht rechnen, stecken Sie einfach 2 100 Euro abzüglich der Grundzulage von 154 Euro, also 1 946 Euro im Jahr in Ihren Riester-Vertrag.

Alternative. Er bringt auch dann eine ordentliche Verzinsung, wenn Sie doch kein Eigenheim bauen oder kaufen, sondern einfach weitersparen.

Riester-Rentenversicherungen sind dagegen nicht zu empfehlen, weil Sie in der Regel einen Verlust machen, wenn Sie einen solchen Vertrag vorzeitig auflösen. Riester-Fondssparpläne sind wegen der unsicheren Wertentwicklung nicht für das gezielte Eigenheimsparen geeignet.

Wer nun etwas ratlos ist, weil er bereits ein solches Produkt abgeschlossen hat und trotzdem vom Eigenheim träumt, sollte den Vertrag von einer Verbraucherzentrale prüfen lassen. Vertragswechsel, Beitragsfreistellung oder Weitersparen: Welche Lösung am besten ist, lässt sich nur im Einzelfall entscheiden.

Sparen ohne Riester

Herkömmliche Banksparpläne ▸77 und Bausparverträge ▸98 ohne Riester-Label bieten sich fürs Sparen aufs Eigenheim an, wenn Sie nicht zu den Riester-Förderberechtigten gehören oder Sie bereits einen Riester-Vertrag haben, aber noch Geld übrig ist. So können Sie zusätzlich Eigenkapital ansparen. Das ist in jedem Fall gut, denn je weniger Geld Sie als Kredit aufnehmen müssen, desto besser.

Auch vermögenswirksame Leistungen, also Geld, das der Arbeitgeber zur Vermögensbildung zuschießt, eignen sich gut, um sie zum Ansparen fürs Eigenheim einzusetzen (siehe Seite 46). Fragen Sie bei Ihrem Arbeitgeber danach, falls Sie nicht wissen, ob er vermögenswirksame Leistungen zahlt.

FALL 2: ICH HABE SCHON EINEN GRÖSSEREN BETRAG

Falls Sie schon einen größeren Betrag angespart haben, können Sie das Geld für Ihr Eigenheim in Tagesgeld ▸62 oder in Festgeld ▸69 oder Sparbriefe ▸72 stecken. Damit ist es sicher und relativ gut verzinst angelegt.

Am flexibelsten bleiben Sie mit Tagesgeld. Hier ist es jederzeit verfügbar, was von Vorteil ist, wenn Sie nicht wissen, wie

schnell Sie unter Umständen an das Geld heranmüssen.

Bei Festgeld und Sparbriefen vereinbaren Sie mit der Bank eine feste Laufzeit. Dafür bekommen Sie meist etwas höhere Zinsen. Sie sollten nur sicherstellen, dass Sie über das Geld verfügen können, wenn Sie es für die Verwirklichung Ihres Traums von den eigenen vier Wänden brauchen.

ICH WILL FÜRS ALTER VORSORGEN

WARUM VORSORGE SO WICHTIG IST

Vor einiger Zeit wurde mit dem Slogan „Rente sich, wer kann!" für die private Altersvorsorge geworben. So munter das klingt, so ernst ist das, was dahintersteht. Trotz stetig steigender Beiträge zur Rentenversicherung sinkt das Niveau der staatlichen Rente. Das liegt daran, dass die Lebenserwartung der Rentner ständig steigt, die Einzahler in das System aber immer weniger werden. Ein heutiger Pensionär bezieht seine Rente im Vergleich zu 1960 durchschnittlich sechs Jahre länger. Um ein böses Erwachen zu verhindern, führt kein Weg an einer privaten Altersvorsorge vorbei.

Zwar wird jeder sozialversicherungspflichtig beschäftigte Berufstätige einmal eine gesetzliche Rente erhalten. Diese allein wird aber nicht reichen, um den Lebensstandard zu erhalten. Deshalb heißt

es: rechtzeitig anfangen, privat vorzusorgen, und vor allem dranbleiben. Denn ohne Ausdauer kommt am Ende zu wenig dabei heraus. Je früher Sie den ersten Schritt machen, desto besser. So können junge Leute schon mit kleinen Beträgen weit kommen, wohingegen ältere Einsteiger wesentlich mehr investieren müssen, um sich noch eine attraktive Zusatzrente aufzubauen (siehe Tabelle 156).

Die Lücke in der Rente

Den meisten Menschen hierzulande ist inzwischen klar, dass sie privat vorsorgen müssen. Allerdings haben die wenigsten eine Ahnung, wie hoch ihre Rentenlücke tatsächlich ist. Geschweige denn, wie viel sie monatlich sparen müssten, um sie zu füllen. Ein Anhaltspunkt dafür, was einmal fehlen könnte, ist die Differenz zwischen dem Betrag, der im Alter den Lebensstandard sichern soll, und der gesetzlichen Rente. Was sie da erwarten können, erfahren alle zwischen 27 und 53 Jahren, die mindestens fünf Jahre lang Beiträge in die gesetzliche Rentenversicherung eingezahlt haben. Einmal im Jahr kommt die Information über bisher erworbene Rentenansprüche per Post. Ab 54 Jahren gibt es alle drei Jahre eine Rentenauskunft.

Mithilfe unseres kostenlosen Rentenlückenrechners können Sie Ihre Lücke zumindest ungefähr berechnen. Sie finden ihn im Internet unter www.test.de/rentenluecke. Bei der Berechnung wird davon ausgegangen, dass im Alter 80 Prozent des letzten Nettogehalts zur Verfügung stehen sollten. Der Abstand zwischen diesem Bedarf und der gesetzlichen Nettorente ergibt die Rentenlücke.

RIESTER FÜR (FAST) ALLE!

Möglichkeiten fürs Alter vorzusorgen gibt es viele. Attraktiv sind vor allem solche, die der Staat fördert. Neben Riester-Produkten gilt das insbesondere für die betriebliche Altersvorsorge, manchmal auch für die sogenannte Rürup-Rente (siehe Seite 147). Zielgruppe der rein steuerlich geförderten Rürup-Rente sind vornehmlich Selbstständige, die nur ausnahmsweise riestern dürfen und keine betriebliche Altersvorsorge abschließen können.

Wer darf riestern?

Riestern können Pflichtmitglieder der gesetzlichen Rentenversicherung sowie Beamte, Soldaten, Angestellte des öffentlichen Dienstes und Künstler, wenn sie Mitglied der Künstlersozialkasse sind, sowie Empfänger einer vollen Erwerbsminderungsrente. Doch auch Ehepartner von Förderberechtigten kommen in den Genuss, sofern der Berechtigte selbst riestert. Bei allen Riester-Produkten sind die

INFO **Selbstständige in der Pflicht**

Wenn Sie selbstständig und nicht Riester-förderberechtigt sind, haben Sie mit einiger Wahrscheinlichkeit einen besonders hohen Vorsorgebedarf und benötigen speziellere Informationen. Aus diesem Grund ist Faulsein in Ihrem Fall keine gute Idee. Unser Ratgeber „Altersvorsorge für Selbstständige" ist speziell für Ihre Belange geschrieben. Sie bekommen ihn im Buchhandel für 16,90 Euro oder können ihn unter www.test.de/shop bestellen.

eingezahlten Beiträge plus die staatlichen Zulagen garantiert. Durch die kombinierte Förderung aus Zulagen und Steuervorteilen lohnt sich diese Form der Altersvorsorge für Familien mit Kindern und Geringverdiener ebenso wie für Singles oder Angestellte mit hohem Gehalt. Kurz: Riester eignet sich für jeden – und so sollte auch jeder, der die Möglichkeit hat, ein Riester-Produkt abschließen: unabhängig vom Alter. Dank staatlicher Zulagen und Steuervorteile lässt sich damit sogar Gewinn machen, ohne dass die Geldanlage überhaupt Erträge erwirtschaftet.

Ein weiterer Vorteil ist, dass sich Riester-Verträge flexibel allen Veränderungen des Lebens anpassen lassen. Wer arbeitslos wird, kann seinen Vertrag beitragsfrei stellen oder muss nach einem Jahr – je nach Höhe seines Arbeitslosengeldes – nur noch 60 Euro jährlich einzahlen, um die staatlichen Zulagen weiterhin voll zu bekommen. Auch wer kein Arbeitslosengeld mehr bekommt, muss nicht fürchten, dass er erst seine Riester-Ersparnisse verbrauchen muss, bevor er Hartz-IV-Leistungen beziehen kann. Denn Riester-Verträge sind anders als die meisten anderen Geldanlagen „Hartz-IV-sicher".

Selbst wenn Sie später einmal im EU-Ausland Ihre Rente beziehen möchten, geht das ohne Probleme.

INFO So wird ein Riester-Vertrag gefördert

Für die staatlich geförderte Altersvorsorge steht der Name des früheren Bundesarbeitsministers Walter Riester, der die Förderung im Jahr 2002 maßgeblich mit entwickelt hat. Bei allen Produkten, die unter dem Label „Riester" laufen, schießt der Staat Geld zu. Pro Jahr sind es:

- 154 Euro Grundzulage
- 185 Euro für jedes vor 2008 geborene Kind.
- 300 Euro für später geborene Kinder.

Die Sonderzulage von einmalig 200 Euro bekommt nur, wer beim Abschluss unter 25 Jahre alt ist.

Um in den Genuss der vollen Förderung zu kommen, müssen Sie einen zertifizierten Riester-Vertrag abschließen und jährlich mindestens 4 Prozent Ihres Bruttoeinkommens abzüglich der Zulage einzahlen, insgesamt aber nicht mehr als 2 100 Euro.

Riester-Beiträge bis zu 2 100 Euro im Jahr sind zudem als Sonderausgaben steuerlich absetzbar. Die Zulagen werden allerdings von der möglichen Steuerersparnis abgezogen. Nur wenn diese höher ist als die Zulagen, sparen Riester-Kunden unterm Strich zusätzlich noch Steuern.

Die Zulagen beantragen

Ein erheblicher Teil der Riester-Sparer lässt sich bedauerlicherweise die Zulagen entgehen, obwohl die Produkte erst dadurch zum Rendite-Turbo werden. Ursache ist möglicherweise, dass viele gar nicht wissen, dass die Zulagen extra beantragt werden müssen. Das geht rückwirkend nur für zwei Jahre: Verpassen Sie diese Frist, ist die Förderung für diese Jahre weg. Verhindern können Sie das bequem mit einem Dauerzulagenantrag, den es beim jeweiligen Anbieter gibt. Achten Sie darauf, dass Sie ihn gleich mit ausfüllen, wenn Sie einen Vertrag abschließen.

Haben Sie schon ein Riester-Produkt abgeschlossen, prüfen Sie am besten sicherheitshalber, ob Sie die Zulagen beantragt haben und ob Ihr Beitrag hoch genug ist. Um von der vollen Förderung zu profitieren, müssen Sie inklusive Zulagen 4 Prozent Ihres Bruttolohns aus dem Vorjahr einzahlen. Sonst wird die Zulage anteilig gekürzt. Mehr als 2 100 Euro (inklusive Zulagen) werden nicht gefördert.

Ein Tipp für besonders Bequeme: Damit Sie nicht unter Umständen jedes Jahr neu ausrechnen, wie viel Sie einzahlen müssen, um nichts von der Förderung zu verschenken, können Sie einfach jährlich 2 100 Euro abzüglich der Grundzulage von 154 Euro, also 1 946 Euro in Ihren Vertrag stecken. Falls Sie damit über den 4 Prozent Ihres Bruttolohns liegen, die Sie für die maximale Förderung einzahlen müssten, bekommen Sie für das, was Sie zu viel zahlen, zwar keine zusätzliche Förderung. Dennoch sichern Sie sich auf diese Weise eine höhere Zusatzrente, weil Sie mehr ansparen und die Renditekonditionen des Vertrags für Ihre gesamten Einzahlungen gelten.

So wird die Rente ausgezahlt

Ausgezahlt werden darf eine Riester-Rente ab dem 60. Geburtstag des Sparers, selbst wenn er dann noch keine gesetzliche Rente bekommen sollte. Es ist also möglich, in den letzten Jahren der Berufstätigkeit bereits Riester-Rente zu beziehen. Spätestens mit 67 Jahren muss die Rentenauszahlung beginnen. Vorgesehen ist normalerweise eine lebenslange monatliche Rente. Riester-Rentner dürfen außerdem bis zu 30 Prozent ihres eingezahlten Kapitals bei Rentenbeginn entnehmen, sofern der Vertrag dies vorsieht, was allerdings üblich ist.

Welches Riester-Produkt wählen?

Bislang gibt es vier Varianten von Riester-Sparverträgen: Banksparplan, Fondssparplan, Rentenversicherung und Bausparvertrag. Hinzu kommt die Möglichkeit, die Riester-Förderung für ein Darlehen zu verwenden, um eine selbst genutzte Immobilie zu finanzieren.

■ Ein Riester-Banksparplan ▶ 105 ist besonders einfach und flexibel zu handhaben. Für Faule ist er erste Wahl: Er ist leicht zu verstehen und man kann mit ihm nichts falsch machen, wenn man ein gut getestetes Produkt wählt.

■ Wer risikofreudiger ist, kann stattdessen einen Riester-Fondssparplan ▶ 108 abschließen. Der bietet höhere Renditechancen, birgt aber auch das Risiko, dass am Ende nicht mehr als die eingezahlten Beträge plus staatliche Zulagen übrig bleiben. Um Börsenschwankungen aussitzen zu können, sollte ihn daher nur abschließen, wer noch viel Zeit bis zur Rente hat. Also junge Leute bis 35, maximal 40 Jahre. Falls Sie Ihr Erspartes doch irgendwann für ein Eigenheim brauchen, sind Fondssparpläne ungeeignet, weil sie zwischendurch im Minus sein können.
■ Klassische Riester-Rentenversicherungen ▶ 111 mit Garantiezins eignen sich

nur für Sparer mittleren Alters bis etwa 50 Jahre, die die Beiträge dafür immer aufbringen können und ein gutes Angebot auswählen. Ist die Laufzeit nur kurz, können solche Versicherungen wegen der hohen Abschlusskosten nämlich kaum in ein ordentliches Plus drehen. Alle anderen Vorsorgesparer sollten daher eher zu einem Riester-Banksparplan greifen, jüngere Sparer eventuell zu einem Riester-Fondssparplan.
■ Ein Riester-Bausparvertrag ▶ 98 ist die erste Wahl für alle, die mittel- bis langfristig ihren Traum vom Eigenheim verwirklichen und auf diese Weise fürs Alter vorsorgen wollen (siehe Seite 37).

ÜBER DEN BETRIEB VORSORGEN

Neben den Riester-Produkten können sich viele Arbeitnehmer auch mit einer betrieblichen Altersvorsorge ▶ 116 eine gute Zusatzrente sichern. Die lohnt sich in der Regel für alle, die einen festen Job in einem stabilen Unternehmen haben, ist aber viel unflexibler als ein privater Riester-Vertrag.

Seit 2002 gibt es ein gesetzlich verankertes Recht auf die sogenannte Gehaltsumwandlung. Sie können als Arbeitnehmer also darauf pochen, dass ein Teil Ihres Gehalts in eine Betriebsrente fließt. Der Vorteil: Ihre Sparbeiträge sind dann bis zu einer Obergrenze steuer- und sozialabgabenfrei. Arbeitgeber sind aber nicht

verpflichtet, etwas dazu beizutragen. In vielen Fällen haben Sie also nur die Möglichkeit, alles aus eigener Tasche zu zahlen und das, ohne die Art des Vertrages beeinflussen zu können.

Wer häufig den Job wechselt, hat zudem das Problem, dass es schwierig ist, eine laufende Betriebsrente nahtlos und ohne Verluste beim nächsten Arbeitgeber fortzusetzen.

ICH WILL VERMÖGENSWIRKSAME LEISTUNGEN ANLEGEN

FINANZSPRITZE VOM ARBEITGEBER

Nicht wenige Arbeitnehmer müssen jedes Jahr um die kleinste Gehaltserhöhung kämpfen, und zu Zeiten der Finanzkrise 2008 wurde das Weihnachtsgeld oft ganz gestrichen. Extrageld einfach so vom Arbeitgeber? In vielen Fällen ein Relikt aus vergangenen Zeiten. Nur die „Vermögenswirksamen Leistungen" – kurz VL genannt – streichen die wenigsten. Viele Unternehmen zahlen immer noch VL: je nach Branche zwischen 6,65 und 40 Euro im Monat. Damit unterstützen sie ihre Mitarbeiter beim Vermögensaufbau – wenn die denn wollen. Aber wer sagt bei ein paar Extra-Euro schon Nein?! Und doch holen längst nicht alle festangestellten Mitarbeiter dieses Geldgeschenk ab, selbst wenn sie einen Anspruch darauf haben.

Ob Ihr Betrieb VL zahlt, verrät ein Blick in den Tarif- oder Arbeitsvertrag sowie die Betriebsvereinbarung. Oder Sie fragen einfach in der Personalabteilung nach. Der Arbeitgeber muss nicht zwingend eine Zuzahlung leisten. Aber selbst für den Fall, dass er nichts beisteuert, können Sie unter bestimmten Voraussetzungen von staatlichen Förderungen profitieren. Ein Einstieg in die vermögenswirksamen Leistungen ist jederzeit möglich, der Start also kein Problem, wenn Sie schon länger bei einer Firma sind.

Doch wie funktioniert das Ganze? Um vermögenswirksame Leistungen zu kassieren, müssen Sie einen speziellen VL-Sparplan abschließen. Vom Anbieter erhalten Sie dann ein Formular mit den Kontodaten, das Sie Ihrem Arbeitgeber vorlegen. Der überweist das Geld dann direkt auf das Anlagekonto: egal, ob er selbst etwas beisteuert oder nur Ihre Beiträge aus dem Gehalt darauf fließen. Bei einigen Verträgen gelten Mindestanlagesummen: bei Bausparverträgen 14 bis 30 Euro. Je nachdem, ob und wie viel der Arbeitgeber

zahlt, lohnt sich das Aufstocken der VL aus dem eigenen Gehalt vor allem für Sparer, die Anspruch auf die Arbeitnehmersparzulage haben.

BEI ANSPRUCH AUF ARBEITNEHMERSPARZULAGE

Grundsätzlich können vermögenswirksame Leistungen in jede Art von Geldanlage fließen. Mit einer Arbeitnehmersparzulage noch staatlich gefördert werden aber nur zwei Varianten: das sogenannte Beteiligungssparen und das Bausparen.

Für Faule ist die Bausparvariante ideal: Fließt das Geld in einen Bausparvertrag, spendiert der Staat 9 Prozent auf maximal 470 Euro VL jährlich: also bis zu 43 Euro

im Jahr. Vorausgesetzt, Sie verdienen nicht zu viel. Sie haben Anspruch darauf, wenn Ihr zu versteuerndes Jahreseinkommen unter 17 900 Euro (bei Singles) oder 35 800 Euro (bei zusammen veranlagten Ehepaaren) liegt.
Bausparen ▶ 98 können Sie, um ein Eigenheim oder Modernisierungsmaßnahmen zu finanzieren. Sind die eigenen vier Wände kein Thema für Sie, macht

---

INFO **Warum Geld verschenken?**

Viele wissen zwar, dass ihr Arbeitgeber vermögenswirksame Leistungen bietet, rufen sie aber nicht ab, weil sie keine Lust haben, sich darum zu kümmern.
Ausrede 1: Das sind doch nur 6 Euro im Monat, oder?
Erkundigen Sie sich lieber in der Personalabteilung, wie hoch die Leistungen tatsächlich sind, bevor Sie annehmen, es seien nur ein paar Euro. Viele Firmen zahlen 26 Euro, manche sogar 40 Euro monatlich. Bei 26 Euro würden Sie innerhalb von sechs Jahren fast 1 900

Euro verschenken – die Zinsen nicht eingerechnet.
Ausrede 2: Ich bleibe doch nicht lange in dem Betrieb.
Wechseln Sie, können Sie den Vertrag bei Ihrem neuen Arbeitgeber weiterführen. Zahlt Ihre neue Firma keine VL, ist das auch kein Beinbruch. Sie können die Raten dann von Ihrem Gehalt überweisen lassen. Und, wer weiß, vielleicht bleiben Sie ja doch viel länger in Ihrem jetzigen Job, als Sie es sich derzeit träumen lassen.

ein Rendite-Bausparvertrag ▶ 94 Sinn. Der bringt zusammen mit den Sparzulagen eine Rendite von über 5 Prozent.

Allerdings haben Sie, wenn Sie die Förderung beantragen, in der Regel erst nach sieben Jahren Zugriff auf die Gesamtsumme aus Einzahlung, Erträgen und Zulagen. Kündigen Sie vorzeitig, gehen die Zulagen verloren.

Eine ganz bequeme und dazu lukrative Einsatzmöglichkeit für die VL gibt es noch für alle, die bereits einen Kredit für das eigene Haus oder die eigene Wohnung abzahlen. Denn die VL inklusive Arbeitnehmersparzulage können auch in einen Vertrag zur Baukredit-Tilgung fließen. Sie müssen nur klären, ob das Geldinstitut, bei dem der Kredit läuft, eine zusätzliche Tilgung akzeptiert. Wenn ja, legen Sie den Kredit-Vertrag Ihrem Arbeitgeber vor. Er überweist die vermögenswirksamen Leistungen an Sie, und Sie leiten sie wiederum per Dauerauftrag auf den Kreditvertrag weiter. Auf diese Weise müssen Sie sich auch nicht alle sieben Jahre um einen neuen Vertrag für die VL kümmern, denn das Ganze kann weiterlaufen, bis der Kredit abbezahlt ist.

Egal, für welche Variante Sie sich entscheiden: Denken Sie immer daran, dass sich die staatlichen Zulagen Ihrem Konto nicht von alleine gutschreiben. Sie müssen sie schon jedes Jahr mit der Steuererklärung beantragen. Dafür bekommen Sie von Ihrer Bank oder Versicherung eine Bescheinigung für die Arbeitnehmersparzulage, die zur Anlage N der Steuererklärung gehört. Das Finanzamt zahlt die gesamte Förderung erst am Ende der siebenjährigen Sperrfrist in den Sparvertrag ein.

INFO Mehr Renditechancen für Fleißige

Beim „Beteiligungssparen" locken noch attraktivere Renditechancen. Die gängigste Möglichkeit des Beteiligungssparens sind Aktienfonds. Fließen die vermögenswirksamen Leistungen da hinein, fällt die Arbeitnehmersparzulage höher aus als beim Bausparen: hier beträgt sie 20 Prozent auf maximal 400 Euro VL im Jahr, also bis zu 80 Euro. Außerdem ist die Einkommensgrenze beim Beteiligungssparen höher: Das zu versteuernde Jahreseinkommen darf höchstens bei 20 000 Euro bei Singles und 40 000 Euro bei Ehepaaren liegen.

Allerdings ist diese Form der Geldanlage nicht ohne Risiken, denn Fonds können auch Verluste machen. Bequem ist sie auch nicht, denn die Wahl des passenden VL-Fonds und der Kauf machen etwas Mühe. Wer sich dennoch dafür interessiert, findet die nötigen Informationen unter www.test.de, Suchbegriff „Vermögenswirksame Leistungen".

BEI HÖHEREM EINKOMMEN

Übersteigt Ihr Jahreseinkommen die Grenzen von 17 900 beziehungsweise 35 800 Euro, bekommen Sie zwar keine Arbeitnehmersparzulage, haben aber mehr Alternativen hinsichtlich Ihrer Anlagemöglichkeiten. Sie müssen dann im Prinzip auch nicht sieben Jahre warten, bis Sie an Ihre vermögenswirksamen Leistungen herankommen, da Ihnen keine staatlichen Zulagen verloren gehen. Viele Verträge sind aber so gestrickt, dass es sich nicht lohnt, vorher auszusteigen. Welcher Vertrag sich besonders eignet, hängt davon ab, ob Immobilien ein Thema für Sie sind oder nicht.

Für (zukünftige) Immobilienbesitzer

Für alle, die für den Bau oder Kauf eines Hauses oder einer Wohnung sparen, ist ein Bausparvertrag ▸98 erste Wahl. Auch für Modernisierungsmaßnahmen lässt er sich gut einsetzen.

Wer bereits eine Immobilie besitzt und abbezahlt, verwendet seine vermögenswirksamen Leistungen am besten zur Tilgung seines Baukredits ▸48. Diese Lösung hat den Charme, dass sie nicht nur besonders einfach, sondern auch sehr lukrativ ist.

Für Faule ohne Immobilien(pläne)

Sie zahlen keinen Baukredit ab und haben auch nicht vor, eine Immobilie anzuschaffen? Dann ist ein VL-Banksparplan ▸81 eine besonders pflegeleichte Anlageform. Mit einem guten VL-Banksparplan können Sie nichts falsch machen.

Eine weitere Möglichkeit ist das Rendite-Bausparen ▸94, die Bausparvariante für alle, die keine Immobilienpläne haben. Interessant ist sie vor allem für junge Leute. Wer beim Abschluss unter 25 Jahre ist, hat die Möglichkeit, darüber mit der Wohnungsbauprämie eine zusätzliche staatliche Förderung abzuschöpfen. Zwar gibt es auch hier Einkommensgrenzen, sie liegen aber mit 25 600 Euros für Singles und 51 200 Euro für Ehepaare höher als bei der Arbeitnehmersparzulage.

Auch für die betriebliche Altersvorsorge ▸116 können Sie die VL nutzen. Haben Sie den Steuerfreibetrag von 2 640 Euro im Jahr noch nicht ausgeschöpft, sparen Sie so Steuern und Sozialabgaben, die Sie sonst für die VL zahlen müssten. Allerdings werden dann im Alter Steuern dafür fällig und Sie kommen auch erst als Rentner an das Geld heran.

ICH WILL EINFACH MAL SPAREN, OHNE ZU WISSEN, WOFÜR

EINFACH MEHR GELD HABEN

Besonders zu Beginn der beruflichen Laufbahn sind viele heilfroh, wenn das Konto nicht mehr ständig ins Minus rutscht – wenn am Monatsende endlich etwas übrig bleibt. Ganz egal, ob man damit große Sprünge machen kann oder nicht. In den meisten Fällen geht es dann erst einmal darum, ein bisschen Geld auf die hohe Kante zu legen: wofür oder für wann, ist zweitrangig. Doch nicht nur in jungen Jahren, auch in anderen Lebensphasen bleibt am Ende des Monats schon mal etwas übrig. Was damit anfangen? Einfach verprassen oder doch sparen und ein (kleines) Vermögen aufbauen?

Erst einmal sollten Sie überlegen, wie lange Sie darauf verzichten möchten. Wie schnell Sie also im konkreten Fall an Ihr Geld kommen wollen. Das ist das wichtigste Auswahlkriterium.

Flexibel bleiben

Sie möchten zwar sparen, aber zur Not jederzeit problemlos an das Geld herankommen? Dann müssen Sie nicht lange nachdenken: Ideal sind ein Tagesgeldkonto ▸ 62 oder ein Sparkonto ▸ 67 . Bei diesen Anlageformen ist das Geld kurzfristig verfügbar, ohne dass Sie Verluste fürchten müssen.

Drei Jahre und mehr sparen

Ähnliches gilt für alle, die etwas länger – also drei Jahre oder mehr – auf das Geld verzichten können. Auch sie machen mit einem guten Tagesgeldkonto ▸ 62 nichts falsch. Wollen Sie nicht einfach die „Reste" überweisen und sich stattdessen mehr Spardisziplin auferlegen, können Sie alternativ einen Banksparplan ▸ 77 abschließen, statt die Beträge jeden Monat einzeln

oder per Dauerauftrag auf ein Tagesgeldkonto zu überweisen.

Ein solcher Sparplan ist sehr bequem
zu handhaben und selbst für unerfahrene
Bankkunden leicht zu verstehen. Wie
schnell Sie an Ihr Geld kommen, hängt
vom jeweiligen Vertrag ab. Selbst wenn
der kündbar ist, ist das in der Regel erst
nach drei Monaten der Fall. Aber wenn
Sie sich ein finanzielles Polster schaffen
möchten, kann es ja gerade von Vorteil
sein, dass Sie das Ersparte nicht spontan
ausgeben können.

Sieben Jahre und mehr sparen

Wer jetzt schon weiß, dass er vermutlich
sieben Jahre oder länger auf das Geld
verzichten kann, kann auf Rendite-Bausparen ▸94 setzen: eine bequeme Anlageform, die nach dem Abschluss genauso einfach zu handhaben ist wie ein Banksparplan. Unter Rendite-Gesichtspunkten
sollten Sie den Vertrag mindestens sieben
Jahre laufen lassen, um den Bonus zu
kassieren, der beim Verzicht auf das Bauspardarlehen gezahlt wird.

Ein Tipp für alle, die zwar länger sparen, aber flexibel bleiben wollen: Splitten
Sie. Besparen Sie mit einem Teil Ihrer
Sparrate ein Tagesgeldkonto, mit dem
anderen einen Rendite-Bausparvertrag.
Ein guter Rendite-Bausparvertrag bringt
derzeit die höheren Zinsen. So können
Sie bequem Ihr Tagesgeldkonto plündern,
falls Sie doch unerwartet in Geldnöte
geraten, und haben dennoch die Chance
auf eine höhere Rendite.

Zehn Jahre und mehr sparen

Interessant wird es, wenn Sie eine Spar-
dauer von mehr als zehn Jahren anpeilen.
Denn bei langen Laufzeiten halten sich die
Risiken auch bei einer Anlage in Fonds in
Grenzen – vorausgesetzt Sie wählen den
richtigen.

Aber wie sieht es mit Ihrer Risikobereit-
schaft aus? Überlegen Sie erst einmal, wie
gut Sie es verkraften könnten, wenn Ihr
Geld sich nicht stetig vermehrt, sondern
zwischendurch auch einmal weniger wert
ist, wenn die Kurse an der Börse schwanken. In den finanziellen Ruin treiben wir
Sie mit keiner der Varianten, die wir hier
vorstellen.

Für Sicherheitsbewusste

Wer nicht mehr ruhig schlafen kann, wenn
seine Anlage auch nur einen Prozentpunkt
ins Minus rutscht, sollte nichts riskieren.
Dann eignen sich die gleichen Produkte
wie bei einer siebenjährigen Sparzeit. Am
meisten Zinsen bringt derzeit ein Rendite-
Bausparvertrag ▸94. Flexibler bleiben
Sie, wenn Sie einen Teil der Sparrate auf
ein Tagesgeldkonto ▸62 überweisen.

Etwas höhere Renditechancen

Ein geringes Risiko ist okay, wenn dafür
die Renditechancen etwas attraktiver
sind? Dann kommt für bequeme Sparer
auch ein Sparplan auf Rentenindexfonds
(ETF) ▸90 infrage. Die Chancen auf Gewinn sind auf lange Sicht etwas höher als
beim Rendite-Bausparen oder bei Tagesgeldkonten. Es kann zwar sein, dass der

INFO   **Wie hoch sind Renditechancen und Risiken?**

Wir haben uns die Zahlen der Vergangenheit angeschaut und errechnet, welche Risiken Sie aller Wahrscheinlichkeit nach eingehen, wenn Sie Aktien- und Rentenindexfonds mischen. Das Ergebnis macht deutlich: Je länger die Laufzeit und je geringer der Aktienanteil, desto mehr sind Sie auf der sicheren Seite.

Mindestrendite bei zehn Jahren Laufzeit:
- bei 15 Prozent Aktienanteil 3,8 Prozent im Jahr,
- bei 40 Prozent Aktienanteil 2 Prozent im Jahr,
- bei 70 Prozent Aktienanteil würden Sie im schlechtesten Fall einen
Verlust von 1 Prozent im Jahr einfahren.

Mindestrendite bei 15 Jahren Laufzeit:
- bei 15 Prozent Aktienanteil 4,5 Prozent im Jahr,
- bei 40 Prozent Aktienanteil 3,4 Prozent im Jahr,
- bei 70 Prozent Aktienanteil wären Sie mit mindestens 1 Prozent im
Jahr im Plus.

Die Mindestrendite ist das, was Sie erzielen, wenn Sie zu einem extrem ungünstigen Zeitpunkt ein- und aussteigen. Nur in 0,5 Prozent aller Fälle kann es noch schlechter laufen. Das heißt im Umkehrschluss, in 99,5 Prozent aller Fälle fahren Sie besser.

Erwischen Sie eine durchschnittlich gute Börsenphase, sind die Renditechancen aus einer Mischung von Aktien- und Rentenindexfonds nicht zu verachten:

Durchschnittsrendite (unabhängig von der Laufzeit)
- bei 15 Prozent Aktienanteil 7,6 Prozent im Jahr
- bei 40 Prozent Aktienanteil 8,4 Prozent im Jahr
- bei 70 Prozent Aktienanteil 9 Prozent im Jahr

Fonds zwischendurch einmal ein Minus von wenigen Prozentpunkten macht. In der Regel holt er das aber schnell wieder auf. Es ist äußerst unwahrscheinlich, mit einem Rentenindexfonds nach zehn Jahren Spardauer Verlust zu machen.

Der Vorteil eines solchen Sparplans ist, dass er relativ flexibel ist. Bei einem Fonds können Sie die Höhe der Raten jederzeit ändern oder die Zahlung ganz stoppen und das bis dahin Ersparte im Fonds lassen. Nur die Wahl eines geeigneten Fonds ist nicht ganz einfach. Damit Sie nicht den falschen erwischen, bekommen Sie alle nötigen Infos, wenn Sie unter dem Produkt weiterlesen.

Möglichst viel herausholen

Stellt Sie das noch nicht zufrieden, wollen Sie also mehr aus Ihrem Geld herausholen, können Sie dem Sparplan auf Rentenindexfonds (ETF) ▶ 90 auch Aktienindexfonds (ETF) ▶ 83 beimischen. Sie eignen sich nämlich bestens als Zugabe, um die Renditechancen zu erhöhen. Das funktioniert, indem Sie bei Ihrer Bank zwei Sparpläne abschließen: einen auf Renten- und einen auf Aktienindexfonds.

Legen Sie relativ viel Wert auf Sicherheit, sollten Sie nicht mehr als 15 Prozent Ihrer Sparrate in den Aktienindexfonds stecken. Sind Sie risikobereiter, verkraften Sie 40 Prozent.

Je höher der Anteil an Aktienindexfonds, desto höher sind die Schwankungen, mit denen Sie rechnen müssen. Besonders in Krisenzeiten kann Ihre Anlage auch einmal deutlich ins Minus rutschen. Dann ist es wichtig, nicht die Nerven zu verlieren.

Damit Sie sich eine ungefähre Vorstellung davon machen können, in welchem Verhältnis Renditechancen und Risiken zueinander stehen, haben wir die Zahlen der letzten 30 Jahre ausgewertet und daraus Wahrscheinlichkeiten berechnet. Die Ergebnisse finden Sie im Kasten links.

Ein kleiner Tipp, falls jeden Monat nur ein geringer Betrag übrig bleibt, der sich schwer splitten lässt: Legen Sie das Geld vierteljährlich statt monatlich an. Auf diese Weise können Sie Ihre Sparrate besser aufteilen.

Beispiel: Von 100 Euro im Monat blieben bei Sicherheitsbewussten nur 15 Euro für den Sparplan auf Aktienindexfonds übrig. Zu wenig, da die meisten Fonds eine Mindestsumme von 25 Euro pro Rate voraussetzen. Im Quartal wären es jedoch 45 Euro. Den Rentenindexfonds könnten Sie monatlich besparen.

ICH WILL EINEN GRÖSSEREN BETRAG ANLEGEN

LUKRATIVE GELDANLAGE GESUCHT!

Manchen nervt die Arbeit. Dann schwelgt man gern in Tagträumen von einem Lottogewinn: Ein einziges Mal im Leben sechs Richtige haben und den Hauptgewinn absahnen! Allerdings kommen die meisten mit viel größerer Wahrscheinlichkeit an einen höheren Geldbetrag, weil beispielsweise ein Angehöriger stirbt oder sie von ihrem Unternehmen eine Abfindung erhalten. Egal, wie Sie letztlich an eine größere Menge Kapital kommen: Die Frage ist immer – wohin damit? Wie kann ich es auf Dauer sicher und ohne großen Aufwand anlegen?!

Erst einmal sollten Sie sich überlegen, für wie lange Sie das Geld aus der Hand geben wollen. Ebenso wichtig ist die Frage, wie schnell Sie im Zweifelsfall Zugriff darauf haben möchten und wie wichtig Ihnen Sicherheit ist.

WENIGER ALS ZEHN JAHRE ANLEGEN

Können sie weniger als sechs Jahre auf das Geld verzichten, kommen für Faule im Grunde nur drei Möglichkeiten infrage: Tagesgeld ▸ 62 , Festgeld ▸ 69 oder Sparbriefe ▸ 72 . Bei Ersterem ist Ihr Geld sicher und relativ gut verzinst angelegt und Sie bleiben flexibel, da Sie täglich darüber verfügen können. Legen Sie es in Festgeld oder Sparbriefen an, haben Sie in der Regel bessere Aussichten auf eine gute Rendite, müssen sich dafür aber auf eine Laufzeit festlegen, während der Sie nicht an das Geld herankommen.

Bei sechs und mehr Jahren Zeit haben Sie eine weitere Alternative: Bundesschatzbriefe ▸ 74 , die Klassiker unter den Bundeswertpapieren. Sie laufen je nach Typ sechs oder sieben Jahre, können aber bereits nach einem Jahr gekündigt werden.

Je länger Sie durchhalten, desto höher sind die Zinsen, die Sie dafür bekommen. Derzeit sind sie nicht sehr lukrativ. Das kann sich aber bei weiter steigenden Zinsen schnell wieder ändern. Dann sind sie vor allem für diejenigen eine gute Option, die Zinssicherheit möchten, aber nicht sicher sind, wie lange sie uneingeschränkt auf ihr Geld verzichten können.

MEHR ALS ZEHN JAHRE ANLEGEN

Wollen Sie Ihr Geld länger als zehn Jahre aus der Hand geben, ist die Frage, ob Sie nicht doch ein wenig mehr Aufwand betreiben möchten, um Ihre Renditechancen zu erhöhen.

Mit einem Aktienindexfonds (ETF) ▸ 83 haben Sie zum Beispiel die Möglichkeit, deutlich mehr aus Ihrem Geld herauszuholen. In durchschnittlich guten Börsenzeiten ließen sich damit in der Vergangenheit Gewinne von rund 8 Prozent im Jahr erzielen.

Den gesamten Betrag in Aktienindexfonds zu stecken, wäre aber zu riskant. Zwar sinken die Risiken von Aktienindexfonds mit der Laufzeit. Dennoch könnte es passieren, dass es an der Börse extrem schlecht läuft und Sie am Ende mit weniger Geld dastehen als heute.

Ein einfaches Gegenmittel: Splitten Sie die Summe. Auf diese Weise kann ein Teil in Aktienindexfonds, der andere Teil in sichere Anlagen wie Festgeld ▸ 69 oder

Sparbriefen ▸ 72 fließen. Die Höhe dieses sicheren Teils wählen Sie so, dass Sie mit Zins und Zinseszins am Ende mindestens wieder den Betrag erwirtschaften, den Sie jetzt insgesamt zur Verfügung haben. So schaffen Sie sich Ihr eigenes Sicherheitsnetz.

Beispiel: Angenommen, Sie haben 50 000 Euro und benötigen das Geld in 15 Jahren. Legen Sie 32 100 Euro davon zu einem Zinssatz von 3 Prozent an, haben Sie nach 15 Jahren mit Zins und Zinseszins wieder 50 000 Euro.

Weil Sie von Ihren ursprünglichen 50 000 Euro nur 32 100 Euro sicher anlegen, können Sie die restlichen 17 900 Euro in Aktienindexfonds (ETF) investieren, ohne sich Sorgen machen zu müssen, insgesamt Verluste zu riskieren.

Die Tabelle auf Seite 36 hilft Ihnen bei der Aufteilung des Betrags.

ICH WILL VON MEINEN ERSPARNISSEN LEBEN

WIE VIEL GELD BRAUCHE ICH?

Für viele ist es ein Traum, spätestens ab fünfzig die Hände in den Schoß legen und von den Ersparnissen leben zu können. Endlich Zeit für Hobbys zu haben, um die Welt zu reisen und sich all die Wünsche erfüllen zu können, die man schon das ganze Leben lang sammelt. Damit das in Erfüllung geht, müssen Sie entweder reich sein oder über die Jahre genug Geld angespart haben – und weiterhin anlegen. Denn das Ersparte kann auch künftig liegen und wachsen, damit es länger reicht: vielleicht sogar für Erben.

Die einen wollen eine gewisse Zeit bis zur Rente überbrücken, andere treten gerade ihren Ruhestand an. Sie stehen jetzt vor der Frage: Wohin mit dem Geld? Wie schaffe ich es, möglichst lange von meinen Ersparnissen zu leben, ohne mich täglich darum kümmern zu müssen?

Wie viel habe ich eigentlich?

Im ersten Schritt sollten Sie Bilanz ziehen. Wie steht es um Ihre bisherige Altersvorsorge? Welche regelmäßigen Einkünfte sind sicher? Wie hoch sind die? Wie viel geht für Steuern und Sozialabgaben ab? Und planen Sie nur für sich oder sind noch andere auf Ihre Einkünfte angewiesen wie Ehepartner, Lebensgefährten, Kinder oder Enkel?

Wie viel Ersparnisse Sie letzten Endes brauchen, um davon leben zu können, hängt nämlich sowohl von Ihren Plänen als auch davon ab, wie teuer Ihr alltägliches Leben ist. Dazu gehören Fixkosten wie Wohnungsmiete oder Unterhaltskosten fürs Eigenheim, Ausgaben für Strom, Telefon, Kleidung, Essen, die eigene Gesundheit, ein Auto oder für Bus und Bahn. Dafür muss das Einkommen reichen. Aber auch Theater- und Kinobesuche, Reisen oder größere Anschaffungen sollten drin sein. Zudem drehen viele Großeltern gerne mal den Geldhahn auf, wenn es um Kinder oder Enkel geht: Machen Erspartes flüssig, beteiligen sich finanziell am Hauskauf oder an den Kosten eines Studiums.

Egal, wie hoch Ihr finanzieller Spielraum ist: Zwei Dinge sollten Sie bei Ihrer Berechnung unbedingt berücksichtigen. Zum einen können Ihre Ausgaben unverhofft in die Höhe schnellen, falls sich Ihr Gesundheitszustand verschlechtert und Sie auf Hilfe angewiesen sind. Solche eventuellen Mehrkosten müssen Sie einkalkulieren – ebenso wie die Inflation, die dafür sorgt, dass Ihr Geld an Wert verliert. Zum anderen können Ihre Einnahmen deutlich schrumpfen, wenn Ihr Partner

stirbt und dem Haushalt damit eine komplette Rente oder zumindest ein Teil davon fehlt. Ob verheiratet oder liiert: Sie sollten also sicherstellen, dass die Einnahmen, die jetzt für beide Partner zum Leben reichen, noch hoch genug sind, wenn einer von beiden stirbt.

Hilfe beim Rechnen

Sie wissen nicht, wie viel Geld Sie im Alter brauchen werden? Wie viel Sie dafür zurücklegen müssen und wie sich die Inflation auswirkt? Gehen Sie einfach auf unsere Internetseite und nutzen Sie den kostenlosen Vorsorgerechner unter www.test.de/finanzbedarf, um Ihren finanziellen Bedarf zu berechnen. So bekommen Sie zumindest eine grobe Vorstellung, mit der Sie planen können.

SO VIEL BRINGEN 100 000 EURO

Sie haben 100 000 Euro und wollen fünf, zehn oder mehr Jahre davon leben, bis das Geld aufgebraucht ist. Hier sehen Sie, wie viele Euros Sie bei welchem Zinssatz monatlich bekämen. Haben Sie einen anderen Betrag, können Sie selbst rechnen: Bei 50 000 Euro hätten Sie beispielsweise jeden Monat die Hälfte, bei 200 000 Euro das Doppelte zur Verfügung.

	2,5 %	3,0 %	3,5 %	4,0 %	4,5 %	5,0 %
5 Jahre	1 773	1 795	1 817	1 838	1 860	1 882
10 Jahre	941	964	986	1 009	1 032	1 055
15 Jahre	665	689	712	736	760	785
20 Jahre	529	553	577	602	628	654
25 Jahre	447	472	498	524	551	578
30 Jahre	394	419	446	473	501	530
ewig	206	247	287	327	367	407

WELCHE GELDANLAGE TAUGT FÜR WEN?

Welche Geldanlage für Sie infrage kommt, hängt sowohl vom Ergebnis Ihrer persönlichen Bilanz als auch von Ihrer Lebenssituation ab.

Engpass oder Zusatzrente

Wollen Sie beispielsweise einen kurzen finanziellen Engpass – wie die Phase der Altersteilzeit bis zum Renteneintritt – überbrücken? Oder suchen Sie nach einer Möglichkeit, einen größeren Betrag – beispielsweise aus einer Lebensversicherung, einer Abfindung oder einem Erbe – anzulegen? Dann sind Sie in der Regel mit einem Bankauszahlplan ▸ 120 gut bedient. Selbst wenn derzeit sowohl die Auswahl

an Produkten als auch die Zinsen noch einigermaßen mager sind. Solange die Zinsen nicht spürbar steigen, sollten Sie sich am besten nicht länger als fünf oder sechs Jahre binden.

Während der Laufzeit eines Bankauszahlplans können Sie weder die Höhe der monatlichen Prämie ändern, noch den Plan vorzeitig kündigen. Aus diesem Grund sollten Sie besser nicht das gesamte Kapital in einen Auszahlplan stecken. Splitten Sie es lieber und packen einen Teil in Festgeld ▸ 69 oder in Sparbriefe ▸ 72. Auch hierfür sollten Sie in einem Zinstief nicht zu lange Laufzeiten wählen – am besten nicht mehr als drei Jahre. Denn vor deren

INFO **Pro und contra Bankauszahlplan**

Pro: Im Falle Ihres Todes haben auch Ihre Erben noch etwas von dem Geld, das Sie in einen Bankauszahlplan stecken. Das Restvermögen geht nämlich an sie über und verschwindet nicht einfach im Vermögen einer Bank oder einer Versicherung. Das ist ein klarer Vorteil gegenüber einer Sofortrente gegen Einmalbetrag. Von einer Sofortrente profitieren Ihre Angehörigen nur, falls Sie eine Rentengarantiezeit vereinbart haben (siehe Seite 125). Sonst gehen sie leer aus.

Contra: Das eingezahlte Geld ist irgendwann aufgebraucht. Eine ewige Rente bis zum Tod wie eine Sofortrente bietet ein Bankauszahlplan nicht. Zudem knapst der Staat bei Überschreiten des Sparerpauschbetrags Steuern ab (siehe Seite 129). Die Sofortrente wird mit dem etwas niedrigeren Ertragsanteil besteuert. Ein drittes Manko ist, dass Sie mit einem Bankauszahlplan nie mehr Zinsen bekommen können, als beim Abschluss vereinbart. Dagegen haben Sofortrentner die Chance auf höhere Überschüsse.

Ablauf kommen Sie nicht mehr an das Geld heran. Wenn die Zinsen weiter nach oben gehen, können Bundesschatz-briefe ▶ 74 eine gute Alternative sein. Sie bieten Zinssicherheit, sind aber nach einem Jahr kündbar.

Außerdem empfiehlt es sich, für Notfälle Geld auf einem Tagesgeldkonto ▶ 62 zu parken, an das Sie jederzeit herankommen. So können Sie auch flexibel auf veränderte Lebensumstände reagieren – falls beispielsweise die Betreuung des Partners unerwartet Kosten verursacht.

Den Alltag dauerhaft finanzieren

Die Alternative zu einem Bankauszahlplan ist eine Sofortrente ▶ 123 – also eine private Rentenversicherung, in die Sie einmalig einen größeren Betrag einzahlen. In die sollten Sie Ihr Geld nur stecken, wenn Sie dauerhaft ein zusätzliches monatliches Einkommen brauchen, weil Ihre regelmäßigen Einnahmen aus der gesetzlichen Rente oder privaten Einkünften für Ihre alltäglichen Ausgaben nicht reichen. Daneben taugt sie auch für besonders Faule, die etwas von ihrem Ersparten haben wollen, sich aber bis zum Lebensende nie mehr darum kümmern möchten.

Eine Sofortrente sichert als private Rentenversicherung in erster Linie bequem ein langes Leben ab. Sie rechnet sich nur, wenn jemand sehr, sehr alt wird und die Rente über 20 Jahre kassiert.

Welche ist die Richtige für mich?

Grundsätzlich gilt: Wer seine Fixkosten nicht aus anderen lebenslangen Einkünften decken kann, hat kaum eine Alternative zu einer Sofortrente. Denn nur hier ist eine lebenslange Zahlung sicher.

Für andere ist ein Bankauszahlplan besser. Der ist genauso sicher und hat den Vorteil, dass das, was Sie nicht selbst verbrauchen, für die Erben übrig bleibt – birgt aber das Risiko, dass das Geld irgendwann aufgebraucht ist.

Ein Tipp: Wollen Sie flexibler bleiben, haben Sie eine Alternative zum Bankauszahlplan, die unter Umständen mehr Zinsen abwirft. Sie können monatliche Auszahlungen individueller selbst organisieren, indem Sie Ihr Geld auf zwei bis drei Festgeldkonten mit unterschiedlicher Laufzeit sowie auf ein Tagesgeldkonto aufteilen.

Die Festgeldkonten laufen zum Beispiel ein, zwei und drei Jahre, sodass jedes Jahr eines fällig wird. An das Geld auf dem Tagesgeldkonto kommen Sie jederzeit heran. Dort sollten Sie so viel Geld bereithalten, dass es für das, was Sie über das Jahr benötigen, reicht. Wird eines Ihrer Festgeldkonten fällig, können Sie das Tagesgeldkonto nach Bedarf wieder auffüllen und den Rest erneut in Festgeld investieren.

PRODUKTE FÜR FAULE

Wer sich selbst als bequem bezeichnet und keine große Lust hat, sich mit Finanzdingen zu beschäftigen, muss dafür in der Regel Abstriche bei der Rendite in Kauf nehmen und akzeptieren, dass er weniger aus seinem Geld herausholt als Fleißig(er)e. Dennoch gibt es im Finanzdschungel eine Reihe von empfehlenswerten Anlageprodukten, die auch für Faule und ihre Ziele infrage kommen.

EINE BUNTE WELT VORSORTIERT

Angesichts der Vielfalt von Finanzprodukten schwirrt Laien oft der Kopf: Bausparen, Fonds oder doch besser ein Banksparplan? Damit Sie schnell klar sehen, haben wir diese bunte Welt für Sie vorsortiert und die Anlagen herausgesucht, die vergleichsweise pflegeleicht sind und dennoch relativ gute Renditechancen haben.

Um es Ihnen noch bequemer zu machen, haben wir sogar versucht, Produktempfehlungen zu geben, also möglichst konkret zu sagen, welche Angebote gut waren und bei welchen Banken sie zu bekommen sind. Bei manchen Anlagen ist das einfacher, weil wir sie regelmäßig testen, bei anderen ist es schwieriger. Am besten, Sie holen sich immer mehrere Angebote ein und schauen auf unserer Homepage unter www.test.de nach, ob es inzwischen aktuellere Testergebnisse gibt. Das kostet zwar Gebühren – in der Regel 2 bis 3 Euro pro Abruf –, ist aber gut investiertes Geld, wenn Sie dadurch über die Jahre womöglich etliche hundert Euro mehr herausholen.

Unsere Vorauswahl bedeutet im Übrigen nicht, dass alle anderen Anlagemöglichkeiten schlecht sind. Einige ansonsten empfehlenswerte fallen durchs Raster, weil sie für Faule zu zeitaufwendig sind. Wenn Sie beim Lesen des Buches auf den Geschmack kommen und doch bereit sind, mehr Zeit zu investieren, oder falls Sie von Ihrem Bankberater eine Geldanlage empfohlen bekommen, die Sie hier nicht finden, können Sie im Serviceteil ab Seite 134 nachschlagen, was davon zu halten ist.

TAGESGELD

Tagesgeld ist eine rundum flexible Geldanlage. Es eignet sich für den Notgroschen, an den man jederzeit heran möchte, ebenso wie zum Ansparen von größeren Beträgen.

Tagesgeldkonten sind die modernen Brüder des guten alten Sparbuchs. Also verzinste Konten, über die Sie täglich verfügen können. Sie werden meist von Direktbanken angeboten, wobei jede ihre eigenen Bezeichnungen wie beispielsweise Cash-, Extra- oder Zins-Plus-Konto kreiert. Im Gegensatz zum Sparbuch gibt es bei Tagesgeldkonten keine Kündigungsfristen. Der weitere, vielleicht entscheidende Vorteil ist, dass das darauf liegende Geld meist höher verzinst wird. Allerdings kann die Bank den Zinssatz jederzeit ohne Ankündigung verändern, wovon auch ordentlich Gebrauch gemacht wird.

Ein Tagesgeldkonto eignet sich für den Notgroschen oder als Parkstation, bevor das Geld in andere Anlagen fließt, aber auch zum flexiblen Ansparen, wenn das Sparziel nicht in allzu ferner Zukunft liegt. Für den allgemeinen Zahlungsverkehr ist es nicht vorgesehen, weshalb Überweisungen in der Regel über ein Referenzkonto – normalerweise das Girokonto – abgewickelt werden.

Renditechancen

Von den früheren Traumzinsen um die 5 Prozent können Anleger derzeit nur träumen. Seit der Finanzkrise 2008 sind die Renditen durchweg mager: Mickrige 1 bis 2 Prozent sind keine Seltenheit, sondern fast die Regel. Manche Banken versuchen Neukunden mit Kampfzinsen und meist befristeten Sonderangeboten zu locken, um kurz darauf wieder auf ein Mittelmaß zurückzufallen, wenn sie genug eingesammelt haben. Wer mag, kann natürlich Tagesgeld-Hopping betreiben, wobei die Frage ist, ob sich das angesichts des niedrigen Zinsniveaus lohnt. Wer es einfacher haben möchte, sucht sich einen Anbieter, dessen Konditionen in den letzten Jahren konstant über dem Marktdurchschnitt lagen (siehe Tabelle rechts), und hofft auf bessere Zeiten. Die Zinsen werden in der Regel einmal im Jahr gutgeschrieben.

Sicherheit

Spareinlagen auf solchen Konten sind so sicher wie das Amen in der Kirche – oder genauso sicher wie auf einem Girokonto. Aber nur, wenn die Bank ihren Hauptsitz in der EU hat. Dann brauchen Sie sich keine Gedanken um die Sicherheit Ihres Geldes zu machen, wenn Sie weniger als 100 000 Euro anlegen. Wollen Sie mehr investieren oder sind unsicher, wo die Bank ihren Sitz hat, sollten Sie sich am besten an die Empfehlungen in der Tabelle auf

Seite 154 halten. Bei Banken, die dort oder bei den Adressen auf Seite 151 nicht genannt sind, ist es besser, genau hinzuschauen, auch wenn sie mit Topkonditionen locken.

Faulheitsfaktor

Einmal eröffnet, müssen Sie sich um ein Tagesgeldkonto nicht mehr kümmern. Wer es auf eine gute Rendite abgesehen hat und sich ein wenig mehr Zeit nehmen möchte, kann höchstens regelmäßig vergleichen, was die Konkurrenz bietet, und gegebenenfalls wechseln.

Flexibilität

Das Praktische ist: Sie kommen von einem Tag auf den anderen an Ihr Geld – ohne Zinsverlust und ohne Gründe nennen zu müssen. Ganz selten beschränken Banken den Auszahlungsbetrag pro Tag, wobei die Grenze oft im fünfstelligen Bereich liegt. Ein weiteres Plus ist, dass Sie sowohl Einmalbeträge als auch regelmäßige Raten

DAUERHAFT GUT

Diese Tagesgeldangebote gehörten in den vergangenen 24 Monaten bei einem Anlagebetrag von 5 000 Euro durchweg zu den Top 20.

Anbieter	Produkt	Effektivzins pro Jahr (Prozent)	Kontakt
Advanzia Bank[2]	Tagesgeldkonto	2,33	0 800 / 8 80 21 20
Akbank[2]	Tagesgeldkonto	1,90	0 180 2 / 25 22 65
Bank of Scotland[1, 2]	Tagesgeld	2,60	www.bankofscotland.de
CosmosDirekt/ SKG Bank[1]	Tele-Konto Online	1,61	www.cosmosdirekt.de/ www.skgbank.de
Garantibank[2]	Kleeblatt-Sparkonto	2,00	0 180 1 / 44 55 55
NIBC Direct[1, 2]	Mehr.Zins.Konto	2,40	www.nibcdirect.de
Oyak Anker Bank	Tagesgeldkonto	1,91	0 69 / 29 92 29 76 00
Santander Direkt[1]	Superkonto	2,02	www.santander-direkt.de
Ziraat Bank[1]	Kombikonto	1,71	www.ziraatbank.de

1) Kontoabschluss und/oder kostenlose Kontoführung nur über das Internet möglich.
2) Einlagen sind nur bis 100 000 Euro durch die britische, luxemburgische oder niederländische Einlagensicherung geschützt.
Stand: 1. August 2011

vom Giro- auf das Tagesgeldkonto überweisen können.

Kosten

Im Normalfall sind Tagesgeldkonten
kostenlos. Zumindest erkennen Sie gute
Angebote daran, dass keine laufenden
Kosten für Porto, Kontoführung oder Überweisungen fällig werden. Wenn das Konto
an irgendwelche Bedingungen wie eine
gleichzeitige Girokonto- oder Depoteröffnung geknüpft ist und Sie weder ein neues Girokonto eröffnen wollen noch ein
Depot brauchen, sollten Sie weitersuchen.
Es gibt genügend gute Angebote ohne
derartige Haken.

Besteuerung

Bis zum Sparerpauschbetrag von jährlich
801 Euro bei Singles und 1 602 Euro bei
Ehepaaren sind Ihre Zinsen steuerfrei,
wenn Sie einen Freistellungsauftrag stellen (siehe Seite 130). Auf alles, was darüber hinausgeht, werden 25 Prozent Abgeltungsteuer plus Solidaritätszuschlag und
gegebenenfalls Kirchensteuer fällig .

Produktempfehlungen

Bei der Suche und Auswahl eines Tages-
geldkontos können Sie sich an den Institu-
ten orientieren, die seit mindestens zwei
Jahren unter den Top 20 der Finanztest-
Wertung zu finden sind (siehe Tabelle Seite 63), oder Sie schauen unter www.test.
de/produktfinder im Produktfinder Tagesgeld gegen eine Gebühr von 2 Euro nach
den aktuellen Konditionen. Dort finden

Sie Angebote von über 70 Banken und
können sie nach Ihren Suchkriterien sor-
tieren.

Es kann sich auch lohnen zu prüfen,
welche Zinsen der Bund für seine Tagesanleihe (siehe rechts) bietet. Prinzipiell ist
sie eine gute Alternative zu Tagesgeldkonten. Derzeit kann sie noch nicht mit
den besseren Tagesgeldangeboten mithalten, was an den insgesamt niedrigen
Marktzinsen liegt. Steigen diese weiter,
wird auch die Tagesanleihe automatisch
wieder interessant, weil sie an einen Zins
gekoppelt ist, zu dem sich die Banken
Geld untereinander leihen.

DIE SCHRITTE ZUM KAUF

1 Wer es ganz bequem haben möchte, fragt bei Banken in der Nähe
nach Angeboten für Tagesgeld und eröffnet vor Ort ein Tagesgeldkonto.

2 In der Regel bekommen Sie aber
deutlich bessere Angebote, wenn
Sie sich an unseren Produktempfehlungen orientieren und ein Tagesgeldkonto
bei einer Direktbank eröffnen. Wie das
geht, erfahren Sie auf Seite 15.

TAGESANLEIHE DES BUNDES

Die Tagesanleihe ist eine gute Alternative zum Tagesgeldkonto. Sie ist genauso flexibel, wegen der niedrigen Marktzinsen derzeit jedoch nicht ganz so gut verzinst. Das kann sich schnell ändern.

Die Deutschen sparen wie die Weltmeister, während der deutsche Staat weltmeisterlich Schulden macht. Um dennoch flüssig zu bleiben, braucht er ständig Geld, das er sich gerne bei seinen Bürgern holt. Nicht nur in Form von Steuern, sondern auch, indem er Wertpapiere ausgibt. Das jüngste Produkt ist die Tagesanleihe, die im Juli 2008 mit großem Erfolg gestartet ist. Die Tagesanleihe ist quasi wie ein Tagesgeldkonto – und ohne jegliches Verlustrisiko genauso täglich verfügbar. Allerdings brachte Anlegern diese maximale Sicherheit jüngst herzlich wenig, da die Tagesanleihe infolge der Niedrigzinsphase herzlich wenig abwarf. Im Juli 2011 schwankte ihre Rendite zwischen 0,66 und 1,44 Prozent und war mit einer Durchschnittsrendite von rund einem Prozent noch nicht ganz auf Augenhöhe mit den besten Tagesgeldangeboten.

Renditechancen

Tagesanleihen verzinst die herausgebende Deutsche Finanzagentur mit einem Abschlag von 7,5 Prozent auf den Zinssatz Eonia. Das ist der faire Marktzins, zu dem sich die Banken über Nacht Geld ausleihen. Liegt der Eonia beispielsweise bei 4 Prozent, wird die Tagesanleihe entsprechend mit 3,7 Prozent verzinst, wobei er täglich angepasst wird. Das Gute ist: Ihre Erträge werden Tag für Tag gutgeschrieben und gleich mitverzinst, wodurch Sie vom Zinseszinseffekt profitieren.

Sicherheit

Wie alle Wertpapiere des Bundes gehört die Tagesanleihe zu den sichersten Anlagen überhaupt. Damit können Sie keinen Verlust machen, weil selbst in Phasen niedrigster Marktzinsen garantiert ist, dass der Tageszins nicht negativ werden kann.

Faulheitsfaktor

Um Tagesanleihen kaufen und verkaufen zu können, brauchen Sie lediglich ein Schuldbuchkonto bei der Deutschen Finanzagentur. Haben Sie das eröffnet, können Sie ganz einfach Geld für den Kauf einer Tagesanleihe überweisen. Das funktioniert auch per Dauerauftrag.

Flexibilität

Das Geld, das Sie in eine Tagesanleihe stecken, ist wie Tagesgeld täglich verfügbar.

Kosten

Für Kauf und Verwaltung fallen keinerlei Kosten an.

Besteuerung

Die Zinsen sind bis zum Sparerpauschbetrag von jährlich 801 Euro bei Singles
und 1 602 Euro bei Ehepaaren steuerfrei,
wenn Sie einen Freistellungsauftrag stellen (siehe Seite 130). Auf alles, was darüber liegt, werden 25 Prozent Abgeltungsteuer plus Solidaritätszuschlag und gegebenenfalls Kirchensteuer fällig.

Produktempfehlungen

Die Tagesanleihe wird nur von der
Deutschen Finanzagentur ausgegeben.

Sie können mit einem Blick auf www.
bundeswertpapiere.de/tagesanleihe oder
mit einem Anruf unter 0 800/2 22 55 60
prüfen, ob die Zinsen aktuell mit denen
von Tagesgeldern mithalten können.

DIE SCHRITTE
ZUM KAUF

1 Wollen Sie Tagesanleihen kaufen,
brauchen Sie zuerst ein Schuldbuchkonto bei der Deutschen Finanzagentur, das Sie telefonisch oder online
verwalten können. Ähnlich einem Bank-
depot werden darin sämtliche von Ihnen
erworbenen Bundeswertpapiere verwahrt.

2 Den Antrag für das Schuldbuchkonto und den Coupon für das
Postident-Verfahren können Sie bei der
Finanzagentur telefonisch unter
0 800/2 22 55 10 bestellen oder unter
www.deutsche-finanzagentur.de ausdrucken (Suchwort: „Kontoeröffnung").
Im Antrag müssen Sie ein Referenzkonto
angeben, zum Beispiel Ihr Girokonto.
Wünschen Sie einen Onlinezugang,
kreuzen Sie das entsprechend an und
füllen zusätzlich das Formular „BWp-
Direkt" aus (Suchwort: „BWp-Direkt").

3 Gehen Sie mit den ausgefüllten
Unterlagen zu einer Postfiliale und
legitimieren Sie sich über das Postident-
Verfahren (siehe Seite 15).

4 Nach wenigen Tagen bekommen
Sie die Zugangsdaten für Ihr
Schuldbuchkonto per Post und können
Tagesanleihen kaufen. Pro Überweisung
müssen es mindestens 50 Euro sein.

5 Beim Onlinebanking ordern Sie
über www.bwp-direkt.de. Entscheiden Sie sich gegen Onlinebanking, ordern Sie ganz bequem per Überweisung.
Die Finanzagentur hält teilweise vorausgefüllte Überweisungsträger bereit. Sie
finden sie auf der Webseite der Agentur
(Suchwort: „Überweisungsträger", dann
„Kauf (Direkterwerb)") oder können sie
telefonisch anfordern. Alles Weitere ist
dort einfach und übersichtlich erklärt.

6 Indem Sie bei Ihrer Hausbank einen
Dauerauftrag einrichten, können Sie
regelmäßig Geld ansparen.

SPARKONTO

Neben vielen unattraktiven Angeboten mit Minizinsen gibt es auch einige Sparkonten mit recht guten Konditionen. Sie eignen sich vor allem fürs kurzfristige Ansparen.

Das gute alte Sparbuch, das meist von Opa und Oma bei der Geburt eröffnet wurde und auf das das Taschengeld wanderte, hat sich grundlegend verändert und mit dem heutigen Sparkonto wenig gemein. Nichtsdestotrotz haben viele ihr altes Büchlein noch in der Schublade, das jahrzehntelang die einfachste Möglichkeit war, Geld zu sparen. Die meisten der heutigen Sparkonten sind – nicht anders als ihr bekannter Bruder – relativ spärlich verzinst. Haben Sie noch Geldreserven auf solchen Konten geparkt, sollten Sie überlegen, ob es nicht doch die Mühe lohnt, nach einem besser verzinsten Ausschau zu halten.

Denn es gibt auch Ausnahmen unter den Sparkonten, die in puncto Rendite mit Tagesgeldkonten mithalten können. Ebenso wie diese sind sie variabel verzinst und bequem zum Ansparen. Sie sind eher bei Filialbanken zu finden, anders als Tagesgeldkonten, für die meist Direktbanken die besten Konditionen bieten. Ein Vorteil einiger Sparkonten: Sie können mit einer Sparcard schnell und problemlos an den Automaten der jeweiligen Bank Geld abheben – allerdings nur bis zu einer Höchstgrenze. Diesen Luxus bieten Tagesgeldkonten nicht.

Renditechancen

Höhere Zinsen bekommen Sie oft nur, wenn Sie das Sparkonto online führen. Reich werden können Sie damit nicht, obwohl manche Kunden mit diesem Versprechen gelockt werden. Es gibt sogar Banken, die Sparkonten offerieren, deren Zinssatz von der Entwicklung des Deutschen Aktienindex (Dax) abhängt. Lassen Sie von solchen Angeboten, die an die Entwicklung der Aktienmärkte gekoppelt sind, besser die Finger. Stattdessen sollten Sie nach Sparkonten ohne Schnickschnack Ausschau halten, die eine gute Verzinsung bieten. Mehr als 2 Prozent für das Sparkonto bietet zurzeit kaum jemand. Die Zinsen bekommen Sie in der Regel am Ende eines Kalenderjahres gutgeschrieben.

Sicherheit

Ein Sparkonto ist eine sehr sichere Anlageform. Es ist durch die Einlagensicherung der Banken geschützt (siehe Seite 154). Als sogenanntes Inhaberpapier hat es jedoch ein spezielles Sicherheitsproblem. Denn jeder, der im Besitz des Büchleins oder – heutzutage immer häufiger – der Sparcard ist, kann – üblicherweise mit einer Pin – Geld abheben.

Faulheitsfaktor

Ein Sparkonto ist kinderleicht zu handhaben und damit ideal für Faule.

Flexibilität

In der Regel können Sie jederzeit bis zu 2 000 Euro im Monat abheben. Brauchen Sie höhere Beträge, gilt es eine Kündigungsfrist von meist drei Monaten zu beachten, weshalb ein Sparkonto häufig auch als „Spareinlage mit dreimonatiger Kündigungsfrist" bezeichnet wird. Die Kündigungsfrist macht das Sparkonto etwas unflexibler als ein Tagesgeldkonto. Mehr als drei Monate sollten Sie nicht akzeptieren und sich dann lieber nach einem anderen Produkt umsehen.

Kosten

Die Eröffnung und Kontoführung sind in der Regel komplett kostenlos. Nur wenn Sie über 2 000 Euro pro Kalendermonat abheben, ohne vorher zu kündigen, kann es sein, dass Ihnen die Bank Vorschusszinsen – eine Art Strafzins – berechnet. Ob bei Abhebung mit der Sparcard an fremden Automaten Kosten anfallen, sollten Sie beim Anbieter erfragen.

Besteuerung

Bis zur Obergrenze von jährlich 801 Euro bei Singles, 1 602 Euro bei Ehepaaren sind Ihre Zinsen steuerfrei. Freistellungsauftrag nicht vergessen (siehe Seite 130). Bei allem, was darüber liegt, werden 25 Prozent Abgeltungsteuer plus Solidaritätszuschlag und gegebenenfalls Kirchensteuer fällig.

Produktempfehlungen

Anders als Tagesgeldkonten testen wir Sparkonten nicht laufend. Gute Konditionen boten zuletzt die BMW Bank (www.bmwbank.de, Tel. 0 89/31 84 20 20) und die Postbank (www.postbank.de, Tel. 0 180/3 04 05 00). Fragen Sie am besten bei mehreren Banken und Sparkassen nach deren aktuellen Konditionen, und vergleichen Sie sie mit denen von Tagesgeldkonten. Schneiden die Sparkonten durchweg schlechter ab, sind Sie mit einem Tagesgeldkonto besser bedient.

Ein Tipp: Wer noch ein altes Postbank-Sparkonto besitzt, sollte auf das besser verzinste Direktprodukt wechseln. Das „Postbank Sparcard 3000 plus direkt" ist für Auslandsreisen praktisch. Bis zu zehnmal im Jahr kann man mit der Sparcard im Ausland an vielen Automaten Geld abheben, ohne dafür Gebühren zahlen zu müssen.

DIE SCHRITTE ZUM KAUF

1 Der Abschluss ist denkbar simpel: Suchen Sie sich einfach mithilfe der Produktempfehlungen ein passendes Angebot aus.

2 Wie Sie ein Sparkonto bei einer ortsfremden oder einer Direktbank abschließen, erfahren Sie auf Seite 15.

FESTGELD

Festgeld eignet sich für die Anlage von größeren Beträgen. Sie können Laufzeiten von einem Jahr und weniger wählen oder das Geld einige Jahre wegpacken.

Als Festgeld werden Anlagen bezeichnet, bei denen einmalig ein Betrag für eine bestimmte Laufzeit zu einem festen Zins investiert wird. Oft gibt es sie für relativ kurze Laufzeiten von 30 Tagen bis zu einem Jahr, immer öfter jedoch auch als mehrjährige Festgeldanlagen, die den Sparbriefen Konkurrenz machen.

Der Vorteil gegenüber einem Tagesgeldkonto ist, dass der Zins fest und nicht variabel ist – also von vornherein feststeht, wie viel Sie am Ende bekommen. Allerdings liegt die Einstiegslatte mit Mindesteinlagen zwischen 1 000 und 5 000 Euro ganz schön hoch. Und: Vor Ablauf der Laufzeit kommen Sie nicht an Ihr Geld heran. Aus diesem Grund sollten Sie sich absolut sicher sein, dass Sie es während der Laufzeit nicht brauchen.

In einer Niedrigzinsphase, in der es auch für die besten Festgeldangebote nicht mehr als 3 bis 4 Prozent Zinsen gibt, ist es am sinnvollsten, Geld erst einmal nur für maximal drei Jahre fest anzulegen. So bleiben Sie halbwegs flexibel und können in lukrativere Anlagen umsteigen, falls danach höhere Zinsen geboten werden. Länger aus der Hand geben sollten Sie Ihr Geld nur, wenn Sie mit einem Zinsplus dafür belohnt werden, dass Sie bei der

Stange bleiben. Bekommen Sie auch nur etwas mehr als 4 Prozent, wenn Sie sich für vier Jahre oder länger binden, ist es meist besser, bei der kürzeren Laufzeit zu bleiben.

Renditechancen

Es kommt durchaus mal vor, dass es auf Tagesgeld höhere Zinsen gibt als auf Festgeld. Meist ist Letzteres aber besser verzinst. Wie viel Sie tatsächlich bekommen, hängt zum einen vom allgemeinen Zinsniveau ab, zum anderen davon, wie lange Sie das Geld aus den Händen geben.

In der Regel gilt: Je länger und je höher der Betrag, desto mehr Zinsen bekommen Sie dafür. Einige Banken halten sich hinsichtlich ihrer Festgeldzinsen gerne bedeckt und nennen diese nur auf Anfrage.

Bei Angeboten mit besonders gut klingenden Zinsen sollten Sie genau hinschauen. Die sind zwar nicht per se unseriös, haben aber gelegentlich einen Haken. Beispielsweise, weil es sie erst ab einem bestimmten Anlagebetrag gibt oder sie gedeckelt werden. In dem Fall bekommt man den guten Zins beispielsweise nur für Beträge bis 5 000 Euro. Wird der Betrag überschritten, gibt es den schlechteren Zinssatz – auf die gesamte Summe. Wieder andere vermeintlich tolle Zinsangebote sind an Bedingungen wie die Eröffnung eines Girokontos oder Depots geknüpft. Wer das nicht braucht, sollte besser ein anderes Angebot wählen.

Bevor Sie sich entscheiden, Ihr Geld über mehrere Jahre fest anzulegen, fragen Sie vorab nach, was mit den Zinsen passiert. Die werden nämlich entweder jährlich ausgezahlt oder dem Festgeldkonto gutgeschrieben und mitverzinst. Wegen des Zinseszinseffekts ist Letzteres attraktiver. Zudem ist es bequemer, weil Sie sich nicht jedes Jahr um die Anlage der Zinsen kümmern müssen.

Sicherheit

Festgeld ist eine sehr sichere Geldanlage. Vor allem, wenn Sie Beträge von über 100 000 Euro investieren wollen, sollten Sie allerdings einen Blick in die Tabelle auf Seite 154 oder ins Kleingedruckte werfen, wie Ihr Geld im Fall einer Bankenpleite geschützt ist. In vielen Fällen haben nämlich ausländische Banken die Nase bei den Festgeldangeboten vorn und bieten die besten Konditionen. Da kann es sein, dass die Einlagensicherung auf einen bestimmten Betrag begrenzt ist. Keinesfalls sollten Sie eine höhere Summe anlegen als abgesichert ist.

Faulheitsfaktor

Festgeld ist nahezu ideal für Faule und ähnlich leicht zu handhaben wie ein Tagesgeldkonto. Auf eines müssen Sparer am Ende der Laufzeit jedoch aufpassen:

Kündigen Sie die Anlage nicht rechtzeitig kurz vor der Fälligkeit, kann es sein, dass die Bank das Geld erneut mit derselben Laufzeit zu dem dann gültigen Zins anlegt. Läuft es ganz dumm, ist der gerade extrem niedrig und Sie kommen wieder für lange Zeit nicht an Ihr Geld heran. Damit das nicht passiert, sollten Sie sich den Kündigungstermin dick im Kalender anstreichen und sich frühzeitig Gedanken darüber machen, was anschließend mit dem Geld passieren soll.

Flexibilität

Eines ist Festgeld nicht: kurzfristig verfügbar. Beim Abschluss müssen Sie sich auf eine bestimmte Laufzeit wie 30, 90, 180 oder 360 Tage festlegen. Daneben gibt es auch mehrjährige Angebote. Haben Sie sich entschieden, kommen Sie vor Ablauf dieser Frist nicht oder nur schwer an das Geld heran. Erst am Fälligkeitstermin können Sie wieder frei darüber verfügen.

Kosten

Die Eröffnung und Führung eines Festgeldkontos sind komplett kostenlos.

Besteuerung

Bis zum Sparerpauschbetrag von 801 Euro im Jahr bei Singles und 1 602 Euro bei Ehepaaren sind Ihre Zinsen steuerfrei, wenn Sie einen Freistellungsauftrag stellen (siehe Seite 130). Bei allem, was darüber hinausgeht, werden 25 Prozent Abgeltungsteuer plus Solidaritätszuschlag und gegebenenfalls Kirchensteuer fällig.

Produktempfehlungen

Im Juli 2011 hatten die Bank of Scotland, die abc bank, die Grenke Bank sowie die NIBC direct die besten Festgeld-Angebote für eine Laufzeit von drei Jahren (Adressen siehe Seite 151). Allerdings variieren die Konditionen stark. Wer aktuell am besten abschneidet, finden Sie mithilfe der Produktfinder „Festgelder 1 bis 12 Monate" oder „Festgelder/Sparbriefe 1 bis 10 Jahre", die Sie auf unserer Internetseite unter www.test.de/produktfinder gegen eine geringe Gebühr abrufen können.

Die 20 aktuell besten Festgeldangebote mit einer Laufzeit von 1 bis 5 Jahren stehen auch in den monatlich erscheinenden Finanztestheften unter „Einmalanlagen ohne vorzeitige Verfügbarkeit".

Regionale Genossenschaftsbanken und Sparkassen sind dort nicht berücksichtigt. Da auch sie gute Angebote haben können, lohnt es sich, vor Ort nachzufragen.

DIE SCHRITTE ZUM KAUF

1 Wer auf persönliche Beratung nicht verzichten möchte, fragt bei Banken in der Nähe nach Angeboten und schließt vor Ort ein Festgeldkonto ab. Wenn Sie ein guter Kunde sind und eine größere Summe anlegen wollen, können Sie versuchen, mit der Bank über die Zinskonditionen zu verhandeln.

2 Sonst suchen Sie sich mithilfe der Produktempfehlungen ein passendes Angebot aus. Obwohl wir die Angaben in unseren Tests monatlich aktualisieren, sollten Sie vor der Unterschrift sicherheitshalber überprüfen, ob die Konditionen noch mit den Angaben im Test übereinstimmen oder ob die Bank in der Zwischenzeit womöglich die Zinsen gesenkt hat.

3 Wenn Sie mehr als 100 000 Euro anlegen wollen, sollten Sie außerdem in der Tabelle auf Seite 154 nachschauen, wie das Geld im Fall einer Bankenpleite gesichert ist.

4 Oft liegen Direktbanken bei den Zinsen vorn, die nur per Internet und in vielen Fällen auch telefonisch zu erreichen sind. Falls Sie noch nie bei einer Direktbank Kunde waren, können Sie auf Seite 15 nachschlagen, wie Sie dort ein Festgeldkonto eröffnen.

SPARBRIEF

Wer höhere Beträge über einen längeren Zeitraum anlegen möchte, hat mit Sparbriefen eine gute Alternative zum Festgeld. Die beiden Anlageformen unterscheiden sich nur wenig.

Sparbriefe sind etwas für Leute, die einen langen Atem haben und gut für längere Zeit auf ihr Geld verzichten können. Als Belohnung winken oft höhere Zinsen als bei anderen sicheren Geldanlagen. Sie ähneln stark den mehrjährigen Festgeldern, die einige Banken im Angebot haben. Wie die haben Sparbriefe eine feste Laufzeit, einen festen Zins und in den meisten Fällen eine Mindesteinlage von 2500 Euro oder mehr als Voraussetzung.

Renditechancen

Auch bei dieser Art von Geldanlage gilt in der Regel: Je länger Sie sich festlegen, desto mehr Zinsen bekommen Sie. Wie die ausgezahlt werden, hängt davon ab, welche Art von Sparbrief Sie abschließen. Es gibt drei Varianten:

- **Aufgezinste Sparbriefe** werden zu einem bestimmten Nennwert verkauft und die Zinsen erst am Ende der mehrjährigen Laufzeit addiert und mit dem Anlagebetrag ausbezahlt.
- **Abgezinste Sparbriefe** funktionieren genau andersherum. Zins und Zinseszins werden schon beim Kauf vom Nennwert abgezogen. Bei Fälligkeit, also am Ende der Laufzeit, werden die Briefe dann zum vollen Wert eingelöst.

- Bei der dritten Variante, den **Sparbriefen mit jährlicher Zinszahlung,** werden die Zinsen jeweils am Ende des Jahres gutgeschrieben. Erste Wahl sind Angebote, bei denen sie gleich zum Sparbrief zugefügt und nicht ausgezahlt werden. Das ist bequemer, weil Sie sich dann nicht um die Neuanlage der Zinsgewinne kümmern müssen. Zudem wächst Ihr Vermögen durch den Zinseszinseffekt deutlich schneller.

Ebenso wie bei Festgeld fahren Sie in einer Phase niedriger Zinsen von kaum mehr als 4 Prozent mit Laufzeiten von maximal drei Jahren am besten.

Sicherheit

Sparbriefe sind sehr sichere Geldanlagen. Geht eine Bank pleite, springt die Einlagensicherung ein. Wenn Sie über 100 000 Euro anlegen, sollten Sie in der Tabelle auf Seite 154 nachschlagen, ob auch Beträge in dieser Höhe abgesichert sind.

Faulheitsfaktor

Für Faule sind Sparbriefe sogar noch bequemer zu handhaben als Festgeld. Sie haben zwar auch eine feste Laufzeit, müssen am Ende aber nicht gekündigt werden, weil sie einfach auslaufen.

Flexibilität

Während der Laufzeit kommen Sie nicht an Ihr Geld. Im Notfall können Sie den Sparbrief nur beleihen. Weil das teuer werden kann, sollten Sie sicher sein, dass Sie das Geld nicht vorzeitig brauchen.

Kosten

Der Kauf, die Verwahrung und das Einlösen eines Sparbriefs sind kostenlos.

Besteuerung

Bis zur Obergrenze von jährlich 801 Euro bei Singles, 1 602 Euro bei Ehepaaren sind Ihre Zinsen steuerfrei. Freistellungsauftrag nicht vergessen (siehe Seite 130). Bei allem, was darüber liegt, werden 25 Prozent Abgeltungsteuer plus Solidaritätszuschlag und eventuell Kirchensteuer fällig.

Es lohnt sich also, vor Abschluss des Sparbriefs genau zu prüfen, wann die Zinsen ausgezahlt werden. Bei auf- und abgezinsten Papieren passiert das am Ende der Laufzeit auf einen Schlag. Rutschen Sie damit über Ihren jährlichen Pauschbetrag, müssen Sie Steuern auf die Beträge zahlen, die darüber hinausgehen. Dann kann es sein, dass Sie mit Sparbriefen, die sie jährlich ausschütten, besser fahren.

Produktempfehlungen

Im Juli 2011 hatten die Santander Consumer Bank, die Santander Direkt Bank sowie die Hanseatic Bank für eine Laufzeit von drei Jahren die besten Angebote (Adressen siehe Seite 151). Da die Konditionen für Sparbriefe aber stark variieren, vergleichen Sie am besten aktuell. Gegen eine Gebühr können Sie unter www.test.de/produktfinder im Produktfinder „Festgelder/ Sparbriefe 1 bis 10 Jahre" die besten von rund 100 überregional erhältlichen Angeboten monatlich aktualisiert abrufen.

Im Finanztestheft finden Sie jeden Monat die 20 Topangebote mit einer Laufzeit von 1 bis 5 Jahren unter „Einmalanlagen ohne vorzeitige Verfügbarkeit".

DIE SCHRITTE ZUM KAUF

1 Wollen Sie nicht auf eine Beratung und persönlichen Kontakt verzichten, lassen Sie sich von Banken in Ihrer Nähe Angebote für Sparbriefe machen. Geben Sie solchen den Vorzug, bei denen die Zinsen jährlich gutgeschrieben werden. Lassen Sie sich außerdem immer den Effektivzins nennen. Er ist aussagekräftiger als der Nominalzins.

2 Ansonsten können Sie sich an den Produktempfehlungen orientieren. Hat eine Direktbank den passenden Sparbrief für Sie und wissen Sie nicht, wie der Abschluss dort funktioniert, finden Sie auf Seite 15 alle nötigen Infos. Prüfen Sie vor der Unterschrift sicherheitshalber, ob die Bank die Konditionen womöglich seit der Empfehlung zu Ihren Ungunsten geändert hat.

BUNDESSCHATZBRIEF

Wollen Sie Geld für länger anlegen, aber relativ flexibel bleiben, lohnt es sich zu prüfen, welche Konditionen der Bund für seine Schatzbriefe bietet. Sie sind absolut sicher und pflegeleicht.

Bundesschatzbriefe gehören seit 40 Jahren zu den bekanntesten und beliebtesten Geldanlagen der Deutschen. Im Volksmund werden sie liebevoll „Bundesschätzchen" genannt. Es sind festverzinsliche Wertpapiere, die jederzeit erhältlich sind und vom Bund über die Deutsche Finanzagentur herausgegeben werden. Sie taugen vor allem für sicherheitsorientierte Sparer, die ihr Geld länger anlegen, aber nicht auf eine gewisse Flexibilität verzichten wollen. Weil Bundesschatzbriefe sogenannte Stufenzinsanleihen sind, steigen die Zinsen von Jahr zu Jahr. Es gibt zwei Varianten:

Der Schatzbrief **Typ A** hat eine Laufzeit von sechs Jahren, wobei die Zinsen jährlich ausgeschüttet werden. **Typ B** läuft über sieben Jahre. Die Zinsen und Zinseszinsen werden allerdings gesammelt und dem Sparer erst am Ende der Laufzeit oder zum Zeitpunkt des vorzeitigen Ausstiegs gutgeschrieben. Der Vorteil des Letzteren ist, dass Sie sich nicht jedes Jahr Gedanken darüber machen müssen, wie und wo Sie die Zinsen neu anlegen.

INFO **Banken-Schätzchen**

Manche Banken und Sparkassen bieten Produkte an, die nach dem Vorbild von Bundesschatzbriefen gestrickt sind. Sie können durchaus eine Alternative zu echten Bundesschatzbriefen sein, aber nur, wenn sie bessere Zinskonditionen bieten als das Original. Lassen Sie sich den Effektivzins nennen und achten Sie beim Abschluss darauf, dass das Produkt tatsächlich wie ein Bundesschatzbrief funktioniert. Das bedeutet,

- die Zinsen klettern jedes Jahr auf einer festgelegten Zinstreppe nach oben,
- Sie können auch vor Ablauf nach einer Sperrfrist aussteigen,
- Verlustrisiken gibt es keine.

Es gibt leider auch Banken, die Produkte als „Schätzchen" bezeichnen, die sich bei genauerem Hinsehen als riskante Zertifikate (siehe Seite 150) entpuppen. Verstehen Sie nicht, wie das Angebotene funktioniert, ist es besser, nicht zuzugreifen.

Renditechancen

Derzeit enttäuschen die Zinskonditionen für Bundesschätzchen zwar noch. Weil sich das aber schnell ändern kann, sollten Sie prüfen, ob sie inzwischen wieder gestiegen sind und mit guten Tagesgeldkonten mithalten können. Der Vorteil der Bundesschatzbriefe gegenüber Tagesgeldkonten ist, dass sie Zinssicherheit bieten. Sie können die Rendite, die herauskommt, genau berechnen – egal ob Sie bis zum Ende durchhalten oder nach ein paar Jahren aussteigen.

Sicherheit

Sicherer als mit Bundesschatzbriefen können Sie Ihr Geld nicht anlegen. Der Bund steht mit seinem Vermögen und dem Steueraufkommen für die Anlage gerade und ist seinen Zahlungsverpflichtungen bisher immer nachgekommen. Weil sie nicht wie andere Bundeswertpapiere an der Börse gehandelt werden dürfen, gibt es auch kein Kursrisiko.

Faulheitsfaktor

Bundesschatzbriefe können Sie ganz einfach über viele Filialbanken oder über die Deutsche Finanzagentur ab einem Betrag von 52 Euro kaufen. Es gibt auch die Möglichkeit, Sparpläne darauf einzurichten – im Prinzip keine schlechte Anlagemöglichkeit. Für Faule ist sie allerdings nicht zu empfehlen, weil sie vergleichsweise unübersichtlich ist, da Sie dann viele Schatzbriefe mit unterschiedlichen Konditionen kaufen.

Flexibilität

Je nach Typ haben Bundesschatzbriefe eine Laufzeit von sechs oder sieben Jahren. Allerdings besteht die Möglichkeit, sie nach einem Jahr Laufzeit kostenlos zu tauschen oder zurückzugeben und pro Monat bis zu 5 000 Euro flüssigzumachen. Ideal, um das Geld bei steigenden Zinsen neu anlegen zu können.

Kosten

Beim Kauf über Filialbanken fallen meist Depotkosten an. Auch die vorzeitige Rückgabe kostet Gebühren. Die können Sie sich sparen, indem Sie die Briefe kostenlos über die Deutsche Finanzagentur kaufen. Lagerung, Kauf, Verkauf, Umtausch sowie vorzeitige Rückgabe sind dort gratis. Die einzige Voraussetzung ist, dass Sie ein sogenanntes Schuldbuchkonto eröffnen (siehe folgende Seite).

Besteuerung

Bis zur Obergrenze von jährlich 801 Euro bei Singles, 1 602 Euro bei Ehepaaren sind Ihre Zinsen steuerfrei. Freistellungsauftrag nicht vergessen (siehe Seite 130). Bei allem, was darüber liegt, werden 25 Prozent Abgeltungsteuer plus Solidaritätszuschlag und gegebenenfalls Kirchensteuer fällig.

Achten Sie darauf, ob Sie mit der Zinsausschüttung beim Typ B am Ende der Laufzeit die steuerfreie Obergrenze überschreiten. Haben Sie mehrere Geldanlagen am Laufen, kann es sich lohnen, auszurechnen, mit welchem BundesschatzbriefTyp Sie besser fahren.

Produktempfehlungen

Die Deutsche Finanzagentur gibt immer nur einen Bundesschatzbrief vom Typ A und einen vom Typ B heraus. Alle paar Wochen kommt ein neuer Schatzbrief, der das Vorgängermodell ablöst und etwas andere Zinskonditionen bietet. Unter www.deutsche-finanzagentur.de oder telefonisch unter 0 800/2 22 55 10 können Sie sie abrufen.

Möchten Sie die Renditen von Bundesschatzbriefen mit denen von Tagesgeldern vergleichen, ist es am einfachsten, in das aktuelle Finanztestheft zu schauen. Dort gibt es übersichtlich auf einer Doppelseite die Konditionen von Bundesschatzbriefen und der besten Tagesgeldangebote.

DIE SCHRITTE ZUM KAUF

1 Sie können natürlich den teureren Weg wählen und Bundesschatzbriefe über eine Filialbank oder Sparkasse kaufen. Besser wäre es aber, ein Schuldbuchkonto bei der Finanzagentur zu eröffnen. Das geht ganz einfach und hat den Vorteil, dass dort sämtliche von Ihnen erworbenen Bundeswertpapiere kostenlos verwahrt werden können.

2 Den Antrag für das Schuldbuchkonto und den Coupon für das Postident-Verfahren können Sie telefonisch unter 0 800/2 22 55 10 bestellen oder unter www.deutsche-finanzagentur.de ausdrucken (Suchwort: „Kontoeröffnung").

3 Im Antrag müssen Sie ein Konto angeben, auf das die Finanzagentur Ihre Zinsen oder das Geld für fällige Bundesschatzbriefe überweisen kann. Wünschen Sie einen Onlinezugang, kreuzen Sie das entsprechend an und füllen zusätzlich das Formular „BWp-Direkt" aus (Suchwort: „BWp-Direkt").

4 Gehen Sie mit den ausgefüllten Unterlagen zu einer Postfiliale und legitimieren Sie sich über das Postident-Verfahren (siehe Seite 15).

5 Nach wenigen Tagen bekommen Sie die Zugangsdaten per Post, um Ihr Schuldbuchkonto zu aktivieren. Dann können Sie Bundesschatzbriefe kaufen. Der Mindestbetrag liegt bei 52 Euro.

6 Beim Onlinebanking ordern Sie über www.bwp-direkt.de. Entscheiden Sie sich gegen das Onlinebanking, ordern Sie ganz bequem per Überweisung. Die Finanzagentur hält teilweise vorausgefüllte Überweisungsträger bereit. Sie finden sie auf der Webseite der Agentur (Suchwort „Überweisungsträger", dann „Kauf (Direkterwerb)") oder können sie telefonisch anfordern. Alles Weitere ist dort einfach und übersichtlich erklärt.

BANKSPARPLAN

Banksparpläne sind eine bequeme Möglichkeit, um regelmäßig sicher Geld zurückzulegen – insbesondere dann, wenn Sie sich Spardisziplin auferlegen möchten.

Ihr Konto ist vor keinem Shoppingtrip sicher, und Sie schaffen es nicht, regelmäßig Geld wegzulegen? Dann ist ein Banksparplan genau das Richtige für Sie. Damit haben Sie zwar nicht so hohe Gewinnchancen wie bei einem Sparplan auf Aktienfonds, dafür aber auch keinerlei Verlustrisiken. Im Grunde ist es ein Ratenvertrag, bei dem es darum geht, aus regelmäßigen, kleineren Beträgen einen größeren Betrag anzusparen. Den können Sie dann irgendwann in eine Einmalanlage wie Festgeld oder einen Sparbrief umschichten.

Bei einem Banksparplan vereinbaren Sie also mit Ihrer Bank, in regelmäßigen Abständen – meist monatlich – einen festen Betrag auf ein Konto einzuzahlen. Manche Banken geben sich dabei schon mit 5 Euro zufrieden. Meist werden jedoch zwischen 25 und 50 Euro Mindestrate verlangt. Solche Verträge sind der Klassiker unter den sicheren Geldanlagen, die fast alle Banken und Sparkassen anbieten – häufig mit Laufzeiten zwischen einem und 10 Jahren. Oder sie haben kein definiertes Ende und sind dann meist nach Ablauf einer kürzeren Sperrfrist kündbar, allerdings mit einer Kündigungsfrist von drei Monaten.

Auch wenn die Zinsen im Augenblick nicht gerade berauschend sind, gibt es für gute Angebote immerhin um die 2,5 Prozent. Und es sieht so aus, als könnten die Zinsen weiter steigen und Banksparpläne wieder etwas attraktiver werden.

Drei Varianten stehen zur Auswahl:
- Bei einer vereinbart der Kunde eine feste Laufzeit und bekommt feste Zinsen.
- Eine lässt die Zinsen auf einer fest vereinbarten Zinstreppe Jahr für Jahr steigen. Die funktioniert nach dem klaren Prinzip: Treue wird belohnt! Je länger der Sparer bei der Stange bleibt, desto höher fällt seine Rendite aus.
- Eine dritte Variante bietet variable Zinsen, die sich dem Auf und Ab der Geldmärkte anpassen. Zusätzlich werden jährlich steigende Boni und Prämien versprochen, wenn man weiter spart.

Renditechancen

Am einfachsten ist es, wenn die Bank einen hohen festen Zins oder eine Zinstreppe bietet, die über die gesamte Laufzeit fest ist. Darüber wird die Anlage berechenbar, und es ist von Anfang an klar, wie viel am Ende rauskommt. Solchen Sparplänen sollten Sie den Vorzug geben – auch wenn feste Zinsen eher die Ausnahme sind.

Die meisten Banksparpläne sind variabel verzinst: Die Bank kann die Zinsen also jederzeit ändern. Haben Sie Glück, steigen die Zinsen am Kapitalmarkt während der Laufzeit und die Bank erhöht auch den Zins Ihres Sparplans. Sinken sie dagegen, bekommen Sie am Ende weniger Geld ausgezahlt als erwartet. Zusätzlich zu diesem variablen Basiszins gibt es häufig von der Laufzeit abhängige Prämien oder Boni. Allerdings machen die es Sparern schwer, die Angebote zu vergleichen, weil nicht klar ist, wie viel Rendite am Ende rauskommt. Die Boni werden nämlich auf alles Mögliche gezahlt, nur meist nicht auf die Summe, die bis dahin im Sparplan ist.

Lassen Sie sich nicht von solchen Versprechen blenden: Bestehen Sie darauf, dass die Bank die Rendite auf Basis der heutigen Zinsen angibt, und lassen Sie sich die Höhe des Guthabens am Ende der Laufzeit berechnen. Nur so können Sie die Angebote miteinander vergleichen.

Sie können die Renditen auch mithilfe unseres Rechenprogramms selbst berechnen (siehe Kasten rechts)

Sicherheit

Banksparpläne sind ein Musterbeispiel für risikoloses Sparen. Bei Angeboten mit festem Zins ist heute schon sicher, wie viel die Bank auszahlen wird. Und selbst bei einem variablen Zins lässt sich die Auszahlung am Ende der Sparzeit besser kalkulieren als bei anderen Geldanlagen. Vor einer Bankenpleite sind die Sparpläne durch die Einlagensicherung geschützt.

Faulheitsfaktor

Der Vorteil eines Sparplans ist die einfache Handhabung. Sie können ihn jederzeit bei fast jeder Bank oder Sparkasse eröffnen. Die Konditionen lassen sich leicht erfragen und – bei einer festen Grundverzinsung – miteinander vergleichen. Allerdings kann es etwas Mühe machen, ein interessantes Angebot zu finden. Ist der Dauerauftrag einmal eingerichtet, müssen Sie sich nicht mehr darum kümmern.

Flexibilität

Wie schnell Sie an Ihr Geld kommen, hängt davon ab, ob Sie einen Sparplan mit oder ohne vorzeitige Kündigungsmöglichkeit abschließen.

Bei Ersterem haben Sie zwar eine Sperrfrist von meist zwischen sechs Monaten und zwei Jahren, können den Vertrag danach aber in der Regel mit einer Frist von drei Monaten kündigen. Damit bleiben Sie relativ flexibel. Es kann höchstens sein, dass der Bonus des Kündigungsjahres verloren ist. Schließen Sie dagegen einen Vertrag ohne reguläre Kündigungsmöglichkeit ab, ist ein vorzeitiger Ausstieg entweder nicht möglich oder mit herben Zinsverlusten verbunden.

Geben Sie daher Verträgen den Vorzug, die Sie spätestens nach zwei bis drei Jahren kündigen können. Nur in außergewöhnlichen Hochzinsphasen ist es sinnvoll, Sparpläne ohne Ausstiegsmöglichkeit zu wählen, und auch nur, wenn sie deutlich mehr Zinsen versprechen als ein vorzeitig kündbarer. Sonst sind kündbare

Sparpläne die bessere Alternative, weil Sie auch kurzfristig aus dem Sparvertrag aussteigen können, um das Geld höher verzinst anzulegen, sobald die Zinsen steigen.

Ein zusätzlicher Pluspunkt ist, wenn die Bank die Möglichkeit bietet, die Sparrate während der Laufzeit zu erhöhen oder zu senken. Auch danach lohnt es sich, vor Abschluss zu fragen.

Tipp: Man kann Sparpläne in der Regel nicht teilweise kündigen – also einen Betrag entnehmen und den Rest weiter-

---

INFO **Die Rendite von Banksparplänen selbst berechnen**

„100 Prozent Bonus" hören sich extrem gut an. Aber worauf wird der Bonus gezahlt und nach wie vielen Jahren Laufzeit? Halten Sie so lang überhaupt durch?

Banken locken gern mit solch fantastisch klingenden Boni. Die exakte Rendite ihrer Sparpläne lassen viele dagegen im Dunkel. Sie mithilfe des Taschenrechners zu berechnen, gestaltet sich allerdings schwierig. Daher bieten wir im Internet unter www.test.de/sparplanrechner ein kleines Gratis-Rechenprogramm an, mit dem Sie ganz bequem die Erträge aller gängigen Banksparplan-Varianten kalkulieren können. Der Rechner bietet Ihnen vier Möglichkeiten zur Wahl:

■ **Sparplan mit jährlichem Bonus auf die Sparraten** (so ist die Mehrzahl der Sparpläne gestrickt; meist steigt der Bonus Jahr für Jahr an)

■ **Sparplan mit jährlichem Bonus auf die Zinsen** (die Variante ist selten)

■ **Sparplan mit Schlussbonus am Laufzeitende** (so funktionieren viele VL-Banksparpläne, siehe Seite 81)

■ **Sparplan mit (festen) steigenden Zinssätzen** (dazu gehören zum Beispiel Sparpläne der Mercedes-Benz Bank und der Volkswagenbank. Besonders bei kürzeren Laufzeiten sind das meist die attraktivsten Angebote.)

Bei einem variablen Zinssatz können Sie nur den Zins, den Sie heute bekommen, eingeben. Dann ist die Berechnung natürlich unverbindlich.

Öffnet sich der Rechner bei Ihnen nicht automatisch, liegt das an den Sicherheitseinstellungen des Excel-Programms. Die ändern Sie, indem Sie Excel öffnen und den Hinweis „Makros sind deaktiviert" schließen. Dann über „Extras", „Makro", „Sicherheit" die Sicherheitseinstellung auf „mittel" einstellen. Mit „Ok" bestätigen und das Dokument schließen. Erneut öffnen und „Makros aktivieren" anklicken.

laufen lassen. Wollen Sie höhere Beträge ansparen, schließen Sie daher am besten mehrere Verträge mit kleineren Sparraten ab. Dann können Sie bei Bedarf einen kündigen, ohne die Verzinsung der anderen zu gefährden.

Kosten

Bei Abschluss eines Sparplans fallen keine Kosten für die laufende Kontoführung an.

Besteuerung

Bis zum Sparerpauschbetrag von jährlich 801 Euro bei Singles und 1 602 Euro bei Ehepaaren sind Ihre Zinsen steuerfrei, vorausgesetzt, Sie stellen einen Freistellungsauftrag (siehe Seite 130). Bei allem, was darüber hinausgeht, werden 25 Prozent Abgeltungsteuer plus Solidaritätszuschlag und gegebenenfalls Kirchensteuer fällig.

Produktempfehlungen

Die Auswahl an Banksparplänen ist groß – und dadurch ziemlich unübersichtlich. Anders als zum Beispiel bei den Tagesgeldkonten oder Fonds fragen wir die Konditionen von Banksparplänen nicht regelmäßig ab. Im letzten Test boten die Mercedes-Benz Bank und die Volkswagenbank gute Zinsen. Wenn Sie unter www.test.de nach „Banksparplänen" suchen, finden Sie dort eventuell neuere Testergebnisse. Ansonsten bleibt nur, bei Banken und Sparkassen vor Ort nach deren Angeboten zu fragen.

DIE SCHRITTE ZUM KAUF

1 Sie können natürlich einfach Ihrer Hausbank die Treue halten und dort einen Banksparplan abschließen. Meist lohnt es sich aber, mehrere Angebote einzuholen und zu vergleichen.

2 Achten Sie darauf, möglichst einen Sparplan mit einem festen Zins oder einer festen Zinstreppe zu bekommen, den Sie spätestens nach zwei bis drei Jahren kündigen können. Die Rendite der Angebote können Sie mithilfe des kostenlosen Rechenprogramms unter www.test.de/sparplanrechner ermitteln (siehe Kasten Seite 79). Wichtig: Um Angebote sinnvoll vergleichen zu können, sollten sie die gleiche Laufzeit haben. Extrem lange Laufzeiten (von zehn Jahren und mehr) sind selten ratsam.

3 Der Abschluss bei einer Filialbank ist extrem bequem. Aber auch die Eröffnung eines Banksparplans bei einer Direktbank stellt keine große Hürde dar. Deren aktuelle Konditionen finden Sie im Internet auf der jeweiligen Webseite oder können Sie oft telefonisch erfragen. (Adressen siehe Seite 151). Falls Sie Direktbank-Neuling sind, können Sie auf Seite 15 nachschlagen, wie die Eröffnung dort funktioniert.

VL-BANKSPARPLAN

Ein VL-Banksparplan ist eine sehr bequeme Lösung für alle, die Anspruch auf vermögenswirksame Leistungen haben, aber zu viel verdienen für staatliche Zulagen.

VL-Banksparpläne sind eine ausgesprochen pflegeleichte Anlageform. Erste Wahl sind sie für alle, die zwar vermögenswirksame Leistungen von ihrem Chef bekommen, aber keine staatliche Zulagen wie Arbeitnehmersparzulage oder Wohnungsbauprämie, weil sie über den Einkommensgrenzen liegen (siehe Seite 47). Sie funktionieren im Prinzip nicht viel anders als ein normaler Banksparplan (siehe Seite 77), nur steht die Laufzeit bereits fest: Sie sparen sechs Jahre und müssen dann maximal ein Jahr warten.

Leider bieten nur wenige Banken VL-Sparpläne an: neben ein paar überregionalen Banken nur regionale PSD- und Volksbanken.

Renditechancen

VL-Banksparpläne gibt es in zwei Zinsvarianten. Bei der ersten bleibt der Zins über die gesamte Laufzeit gleich. Bei der zweiten bekommen Sie einen eher bescheidenen variablen Basiszins, dafür winkt am Ende der Laufzeit ein üppiger Schlussbonus. Die besten Angebote im letzten Test brachten Renditen von über 4 Prozent, was sich bei den niedrigen Marktzinsen derzeit sehen lassen kann. Sie gehörten alle zur variabel verzinsten Variante.

Sicherheit

Nicht anders als andere Banksparpläne sind VL-Banksparpläne ein Musterbeispiel für risikoloses Sparen. Bei Angeboten mit festem Zins ist heute schon sicher, wie viel Geld die Bank später auszahlen wird. Und auch bei einem variablen Zins mit Schlussbonus lässt sich die Auszahlung am Ende der Sparzeit besser kalkulieren als bei anderen Geldanlagen. Vor einer Bankenpleite sind sie durch die Einlagensicherung geschützt.

Faulheitsfaktor

Einmal abgeschlossen, benötigt ein VL-Banksparplan keinerlei Aufmerksamkeit. Ihre Firma zahlt ein, Sie legen die Hände fast sechs Jahre in den Schoß. Erst kurz bevor der Vertrag ausläuft, empfiehlt es sich aktiv zu werden und einen neuen Vertrag abzuschließen, damit Sie nicht während der einjährigen Wartezeit Geld verschenken.

Flexibilität

Sie können VL-Banksparpläne zwar kündigen, ratsam ist das aber nicht, weil sie dadurch unattraktiv werden. Ganz besonders gilt das für die VL-Sparpläne mit Schlussbonus.

Kosten

Bei manchen Angeboten verlangt die Bank eine geringe Gebühr, wenn Sie das Konto nicht online führen. Sonst fallen bei einem VL-Banksparplan keine Kosten an.

Besteuerung

Bis zur Obergrenze von jährlich 801 Euro bei Singles, 1 602 Euro bei Ehepaaren sind Ihre Zinsen steuerfrei. Freistellungsauftrag nicht vergessen (siehe Seite 130). Bei allem, was darüber liegt, werden 25 Prozent Abgeltungsteuer plus Solidaritätszuschlag und gegebenenfalls Kirchensteuer fällig. Vor allem bei Sparplänen mit Schlussbonus kann es sein, dass Sie in dem Jahr, in dem der Bonus ausgezahlt wird, über diese Grenze kommen, wenn Sie weitere Kapitalerträge haben. Es kann sich lohnen, das im Auge zu behalten.

Produktempfehlungen

In unserem letzten Test der VL-Banksparpläne war die Degussa Bank (www.degussa-bank.de, Tel. 0 69 / 36 00 55 55) bei den überregionalen Angeboten Sieger.

Nur drei überregionale Geldinstitute boten VL-Banksparpläne an. Neben der Degussa Bank waren das die Ziraat Bank (www.ziraatbank.de, Tel. 0 69 / 29 80 50) und die ING-Diba (www.ing-diba.de, Tel. 0 180 2 / 29 29 29) – beides Direktbanken. Auf regionaler Ebene werden Sie bei den PSD-Banken sowie vielen Sparkassen und Volksbanken fündig. Den Test finden Sie unter www.test.de, Suchwort „Vermögenswirksame Leistungen".

DIE SCHRITTE ZUM KAUF

1 Die aktuellen Konditionen der drei überregionalen Banken, die derzeit VL-Sparpläne anbieten, finden Sie im Internet auf deren Webseite oder Sie können sie telefonisch erfragen. Ist Ihnen persönlicher Kontakt wichtig, lohnt es sich, bei der örtlichen Volksbank, Sparkasse oder PSD-Bank nachzufragen, ob sie ein gutes Angebot macht.

2 Die Rendite der Sparpläne können Sie mithilfe des kostenlosen Rechenprogramms unter www.test.de/sparplanrechner vergleichen. Wie das geht, können Sie im Kasten auf Seite 79 nachlesen.

3 Der Abschluss in einer Filiale vor Ort ist extrem bequem. Aber auch die Eröffnung eines VL-Banksparplans bei einer ortsfremden Bank ist keine große Hürde. Falls Sie Direktbank-Neuling sind, können Sie auf Seite 15 nachschlagen, wie die Eröffnung dort funktioniert.

4 Nach Abschluss des VL-Sparvertrags bekommen Sie von der Bank eine Bescheinigung, die Sie an Ihren Arbeitgeber weiterleiten müssen. Dieser überweist dann die Raten.

AKTIENINDEX-FONDS (ETF)

Wer die Chancen der Kapitalmärkte nutzen, aber sich nicht intensiv mit ihnen auseinandersetzen möchte, fährt mit Aktienindexfonds am besten. Sie sind relativ bequem und preiswert.

„Aktienindexfonds" – das hört sich kompliziert an, denken Sie jetzt vielleicht. Dabei verbirgt sich hinter diesem Wortungetüm eine vergleichsweise pflegeleichte Anlageform. Um zu verstehen, worum es sich dabei handelt, ist es erst einmal wichtig zu wissen, was eine Aktie ist. Viele, die sich wenig oder kaum mit dem Thema Geldanlage beschäftigen, betreten hier Neuland.

Einfach ausgedrückt ist eine Aktie eine Beteiligung an einem Unternehmen und damit an dessen Erfolg oder Misserfolg. Wer eine Aktie besitzt, wird quasi zum Mitunternehmer.

Weil das Risiko beim Kauf einer einzelnen Aktie viel zu hoch wäre, sind die meisten Anleger mit einem Aktienfonds besser bedient. An einem solchen Fonds können sich auch Kleinanleger gut beteiligen. Er enthält meist mehrere Dutzend, manchmal sogar ein paar Hundert verschiedene Aktien. Sie als Anleger kaufen mit Ihrem Geld also kleine Anteile an vielen Unternehmen. Das macht einen Totalverlust unwahrscheinlich, weil der Fonds immer mehrere Eisen im Feuer hat und so die Chance besteht, einzelne Verluste mit Gewinnen bei anderen Aktien auszugleichen. Je breiter die Fonds aufgestellt sind,

desto größer ist die Wahrscheinlichkeit, dass Verluste bei einzelnen Aktien durch Gewinne anderer Aktien im Fonds wettgemacht werden können.

Deshalb kommt es beim Kauf auf den Fondstyp an. Am breitesten aufgestellt sind Aktienfonds Welt: Sie legen das Geld in vielen verschiedenen Märkten, Branchen und Regionen rund um den Globus an. Regionenfonds sind in Europa, Euroland, Asien oder Lateinamerika unterwegs. Länderfonds beschränken sich auf einen einzelnen Aktienmarkt. Branchenfonds sind noch stärker eingeschränkt: Sie verfolgen nur ein einziges Anlagethema wie Rohstoffe, was sehr speziell und damit risikoreicher ist.

Für Einsteiger kommen hauptsächlich Aktienfonds Welt, Aktienfonds Europa und Aktienfonds Euroland infrage. Dafür muss man am wenigsten Erfahrung mitbringen und nicht so viel Eigeninitiative leisten, weil durch die breitere Streuung die Verlustrisiken geringer sind.

Allerdings investieren diese Fonds hauptsächlich in Unternehmen der großen Industriestaaten. Aktien von Unternehmen aus aufstrebenden Schwellenländern wie Brasilien, Indien oder China enthalten sie kaum. Wer sein Geld noch breiter streuen möchte, kann deshalb überlegen, ob er einen Schwellenländerfonds zu einem kleinen Anteil beimischt. Zirka 20 Prozent des gesamten Anteils, den Sie in Aktienindexfonds stecken möchten, sollten dann in einen solchen Fonds fließen. Zwar sind Schwellenländerfonds für sich betrachtet deutlich riskanter als ein herkömmlicher Aktienfonds Welt. Aber der Mix als Ganzes schneidet in puncto Sicherheit besser ab. Wer nur einen geringen Betrag investieren will oder das zu kompliziert findet,

---

INFO   ### Was ist eigentlich ein Fonds?

Als Anleger hört man ja immer, dass man das meiste aus seinem Geld herausholen kann, indem man es in Wertpapiere wie Aktien investiert. Allerdings fragt sich der Laie, wie er das machen soll: Wie aus Tausenden von Wertpapieren das passende auswählen und im Auge behalten?

Was liegt also näher, als diese Aufgabe Fachleuten zu überlassen – womit wir beim Thema „Investmentfonds" wären. Die werden kurz Fonds genannt und sind für alle interessant, die mehr aus ihrem Geld machen wollen, ohne selbst Tag für Tag den Wirtschaftsteil der Zeitung studieren zu müssen.

Im Grunde funktionieren alle nach demselben denkbar einfachen Prinzip: Die Fondsgesellschaften gründen einen Fonds und verkaufen die Anteile an viele Sparer. So landet deren Geld in einem großen Topf. Kaufen die Fondsgesellschaften damit überwiegend Aktien, spricht man von einem Aktienfonds; fließt es in Anleihen, von einem Rentenfonds. Die Mischung aus beidem ist ein Mischfonds.

Der Vorteil für Sie als Anleger ist, dass Ihr Geld gestreut und das Verlustrisiko so verringert wird. Das macht Fonds auch für Laien zu einer guten Möglichkeit, die Chancen des Kapitalmarkts zu nutzen – bei überschaubarem Risiko. Geht einmal etwas schief und gerät ein Unternehmen, dessen Wertpapier ein Fonds gekauft hat, in die finanzielle Schieflage, ist das nicht so dramatisch, weil die Chance besteht, dass der Verlust durch den Rest ausgeglichen wird. Ein weiterer Vorteil von Fonds sind deren flexible Einzahlungsmöglichkeiten. Sie können entweder einen größeren Betrag anlegen und damit Fondsanteile kaufen oder über einen Sparplan mit kleineren Beträgen einsteigen: egal, ob monatlich, vierteljährlich oder ein paar Jahre gar nicht. Ideal für alle, die flexibel bleiben wollen. Auch zwischenzeitlich Geld zu entnehmen ist jederzeit und in beliebiger Höhe möglich.

kann auf die Beimischung auch verzichten und sich auf den Kauf eines breit gestreuten Aktienindexfonds beschränken.

Was sind Indexfonds oder ETFs?

Damit wäre erklärt, was Aktienfonds sind. Was aber ist das Besondere an Aktienindexfonds? Im Prinzip handelt es sich dabei um eine spezielle Form von Aktienfonds, denn Aktienfonds lassen sich in zwei Gruppen einteilen.

Die bekanntere Gruppe bilden die **aktiv gemanagten Fonds**. Hier ist der Fondsmanager Herr über die Aktien. Er entscheidet, in welche Aktien ein Fonds investiert. Daher trägt sein Geschick viel dazu bei, ob der Fonds gut läuft oder schlecht. Im günstigsten Fall fährt er satte Renditen ein, im ungünstigsten hinkt er der Marktentwicklung hinterher. Ob man einen Manager erwischt hat, der mit seiner Strategie völlig falsch liegt, lässt sich nur erkennen, indem man sich mit den Aktienmärkten befasst und öfter mal schaut, ob der eigene Fonds noch mit der Konkurrenz mithält – was solche aktiv gemanagten Fonds unweigerlich untauglich für Faule macht.

Besser geeignet ist die andere Gruppe der **passiv gemanagten Fonds**, bekannter unter dem Namen „Indexfonds" oder „ETFs". Es gibt sie noch nicht sehr lange – erst seit dem Jahr 2000 werden sie in Deutschland gehandelt. Auch Menschen, die keine Börsenprofis werden wollen, können sich über sie einfach und preiswert an den Aktienmärkten beteiligen. Bei Indexfonds setzt kein Manager seine eigenen Anlageideen um. Solche Fonds kopieren einfach den Verlauf eines bestimmten Index (siehe Kasten unten).

Kopiert ein Indexfonds beispielsweise den Verlauf des Deutschen Aktienindex Dax, legt er zu, wenn der steigt. Die Anleger machen somit Gewinn. Umgekehrt machen sie Verluste, wenn der Dax ins Minus rutscht. Das heißt, der Fonds entwickelt sich immer parallel zum Dax, und damit zum deutschen Aktienmarkt. Er schlägt den Dax zwar nie – das könnte nur ein aktiv gemanagter Fonds –, aber er schneidet nie wesentlich schlechter ab als

INFO   **Was ist ein Index?**

Der Deutsche Aktienindex Dax ist den meisten inzwischen ein Begriff. Er misst die Wertentwicklung der 30 größten Aktien am deutschen Markt, ist also eine Art Kursbarometer für den deutschen Aktienmarkt.

Solche Indizes gibt es auch für andere Märkte. Der Dow Jones ist zum Beispiel der Index der New Yorker Börse, der MSCI World misst die Entwicklung von fast 1700 großen Unternehmen weltweit.

der Dax. Bei einem Indexfonds besteht daher zwar nicht die Chance, dass ein Manager einen besonders guten Riecher hat und sich der Fonds besser entwickelt als sein Markt, aber eben auch nicht das Risiko, dass er komplett danebengreift und auf die falschen Aktien setzt. Deshalb sind sie eine gute Lösung für alle, die den Aufwand möglichst gering halten möchten.

Indexfonds werden in der Regel an der Börse gehandelt: Daher auch der Name ETF. Die Abkürzung steht für „Exchange Traded Fund" – zu Deutsch „börsengehandelter Fonds". Aber keine Angst: Keiner muss sie sich selbst an der Börse besorgen. Das macht der Bankberater. Sie können allerdings auch ein Onlinedepot einrichten und selbst loslegen.

Für Faule sind Indexfonds vor allem interessant, weil man sich nicht mehr viel darum kümmern muss, sobald sie einmal im Depot liegen. Die Auswahl eines passenden Indexfonds ist allerdings nicht einfacher als die eines „normalen" Fonds: Man weiß ja erst einmal gar nicht, welcher Index wie funktioniert und warum man den einen nehmen sollte und den anderen besser nicht. Deshalb nennen wir Ihnen unten unter den Produktempfehlungen eine kleine Auswahl an Fonds, die sich für Faule eignen.

Fondssparplan

Sie können einmalig einen größeren Betrag in einen Aktienindexfonds stecken, Sie können aber auch regelmäßig sparen, indem Sie einen Sparplan einrichten. Ein solcher Sparplan ist sehr flexibel. Sie müssen keine Kündigungsfristen einhalten und keine Laufzeit vereinbaren. Auch die Höhe der Raten können Sie jederzeit ändern. Einzige Voraussetzung: Die Mindestsumme, meist 25 oder 50 Euro, muss eingehalten werden.

Renditechancen

Wie viel Rendite ein Aktienindexfonds abwirft, hängt in erster Linie davon ab, wie sich sein Index entwickelt. Steigt er, ist alles gut; fällt er, wie die meisten Indizes zu Zeiten der Finanzkrise, rutscht der Fonds gleichermaßen ins Minus.

In den letzten 30 Jahren lagen die Renditen von Aktienfonds durchschnittlich bei etwas über 8 Prozent im Jahr. Allerdings gibt es keinerlei Garantie, dass es in der Zukunft ähnlich gut läuft.

Sicherheit

Aktienindexfonds sind deutlich sicherer als etwa der Kauf einzelner Aktien. Dennoch können die Kurse der Fonds stark fallen, wenn die Märkte einen Einbruch erleben. Wer während einer solchen Krise an sein Geld möchte, macht unweigerlich Verluste. Je langfristiger Sie anlegen, desto geringer ist das Risiko, am Ende ein Minus einzufahren. Ein Totalverlust ist bei Fonds unwahrscheinlich. Auch wenn die Fondsgesellschaft pleite ginge, müssten die Anleger nicht fürchten, dass ihr Geld weg ist. Da es als Sondervermögen gilt, hätten die Gläubiger der Fondsgesellschaft keinen Zugriff darauf.

Faulheitsfaktor

Indexfonds eignen sich vor allem deshalb für Faule, weil sie bei dieser Form der Geldanlage relativ wenig tun müssen. Der Hauptaufwand ist es, sich einen passenden Fonds auszusuchen.

Allerdings sollten Sie einen Aktienindexfonds immer mit sicheren Anlagen mischen (siehe Seite 33 und 35). Es empfiehlt sich, einmal im Jahr nach dem Fonds zu schauen, um das Mischungsverhältnis zu prüfen. Der Grund: Hat Ihr Aktienindexfonds besonders gut abgeschnitten, ist dessen Anteil stärker gestiegen als der Ihrer sicheren Anlagen wie Rentenindexfonds oder Festgeld. Weil Sie über einen längeren Zeitraum anlegen, kann es so passieren, dass das Mischungsverhältnis Ihrer Anlagen nach ein paar Jahren wesentlich riskanter ist als von Ihnen beabsichtigt. Deshalb erhöhen Sie die Sicherheit, wenn Sie Gewinne regelmäßig in sichere Anlagen

umschichten und so Ihr ursprünglich gewähltes Mischungsverhältnis wieder herstellen.

Sparen Sie mit Aktienindexfonds, bietet es sich an, das Geld in Ihren Rentenindexfonds-Sparplan umzuschichten. Haben Sie einen größeren Betrag angelegt, kommen Tagesgeld, Festgeld oder Sparbriefe infrage.

Flexibilität

Sie kommen jederzeit an das Geld heran. Sollte es finanziell eng werden, können Sie die Anteile täglich verkaufen. Es kann allerdings sein, dass der Rücknahmepreis zu dem Zeitpunkt unter dem liegt, was Sie dafür bezahlt haben – vor allem, wenn Sie Ihr Geld nur für kurze Zeit anlegen. Bei Anlagezeiträumen von über zehn Jahren waren Aktienfonds bisher fast immer im Plus, weshalb sie vor allem für diese Anlagedauer infrage kommen.

INFO **Jeder hat die besten Fonds**

In der Regel verkaufen Banken am liebsten aktiv gemanagte Fonds, die sie selbst oder eine konzerneigene Fondsgesellschaft entwickelt haben. Das ist für sie am lukrativsten. Über den Rest der Fondswelt erfahren Sie als Kunde häufig gar nichts – und wenn, dann eher Schlechtes. Leider bekommen auf diese Weise die wenigsten die jeweils besten Fonds, die es auf dem Markt

gibt. Besonders seltsam ist, dass jede Bank scheinbar nur Spitzenfonds hat – zumindest wird einem das vermittelt. Manche Banken lassen sogar eigene Ranglisten erstellen. Die Berater versuchen so, ihre Verkaufsvorgaben zu erfüllen – Sie als Kunde müssen sich aber nicht dazu überreden lassen, etwas anderes zu kaufen als die Indexfonds, die Sie sich ausgesucht haben.

Kosten

Beim Kauf von Indexfonds fallen Provisionen an. Als Faustregel gilt: Der Kauf über eine Filialbank ist meist ein wenig teurer. Mehr als 1 Prozent des Kaufpreises sollte die Provision aber auch dort nicht betragen. Über eine Direktbank geht es günstiger, sie verlangen meist etwa die Hälfte, also zirka 0,5 Prozent.

Beim Kauf vom Indexfonds-Sparplänen zahlen Sie bei jeder Einzahlung eine Gebühr an die Bank, die den Sparplan anbietet. Diese kann fix oder prozentual sein oder eine Kombi aus beidem. Bei einer prozentualen Gebühr ist es egal, ob Sie monatlich oder vierteljährlich sparen. Bei einer fixen Gebühr kann vierteljährliches Sparen günstiger sein.

Besteuerung

Auf mögliche Kursgewinne zahlen Sie beim Verkauf von Indexfonds-Anteilen 25 Prozent Abgeltungsteuer plus Solidaritätszuschlag und gegebenenfalls Kirchensteuer. Es sei denn, Sie haben Ihren Sparerpauschbetrag von 801 Euro bei Singles und 1 602 Euro bei Ehepaaren noch nicht ausgereizt. Bis zu dieser Grenze sind Ihre Kapitalerträge steuerfrei, wenn Sie einen Freistellungsauftrag gestellt haben (siehe Seite 130). Das gilt übrigens auch für Kinder, wenn der Sparplan auf ihren Namen läuft, um für ihre Ausbildung vorzusorgen. Allerdings gilt es, ein paar Punkte zu beachten, wenn Sie vorhaben, Geld auf Kinder zu übertragen (siehe Seite 131).

Produktempfehlungen

Die folgenden Fonds haben in unserem letzten Test gut abgeschnitten. Sie beziehen sich alle auf den MSCI World, einen besonders breit streuenden Aktienindex. Lassen Sie sich von den klobigen Namen nicht abschrecken:
- „db x-trackers MSCI World" mit der WKN (Wertpapier-Kennnummer) „DBX1MW",
- „UBS-ETF MSCI World A" mit der WKN „A0NCFR",
- „iShares MSCI World" mit der WKN „A0HGZR",
- „ComSTage ETF MSCI World" mit der WKN „ETF110".

Alle vier Aktienindexfonds kommen infrage, wenn Sie einmalig einen größeren Betrag anlegen wollen.

Als Sparplan gibt es nur die beiden Letzteren, und das auch nur bei Direktbanken. In unserem Test im März 2011 waren beispielsweise die comdirect bank (www.comdirect.de, Tel. 0 180 3 / 44 45) oder Cortal Consors (www.cortalconsors.de, Tel. 09 11 / 3 69 90 00) bei den Kaufkosten günstig.

Wer noch einen kleinen Anteil an einem Schwellenländerfonds beimischen möchte, kann zum Beispiel den „iShares MSCI Emerging Markets" mit der WKN „A0HGZT" kaufen. Auch ihn gab es bei der comdirect bank oder bei Cortal Consors preiswert als Sparplan.

DIE SCHRITTE ZUM KAUF

Praktisch ist, dass Ihnen jede Bank jeden Indexfonds besorgen kann. Nur wenn Sie einen Sparplan einrichten wollen, sieht es anders aus.

1 Für den Kauf von Wertpapieren wie Fonds brauchen Sie ein Depot, in dem sie verwahrt werden. Das kostet häufig jährliche Gebühren. Haben Sie bereits ein Depot bei einer Bank, ist es oft am günstigsten, die Fonds über diese Bank zu kaufen. Andernfalls können Sie Kosten sparen, indem Sie die Fonds über eine Direktbank statt über eine Filialbank ordern. Bei vielen Direktbanken müssen Sie für das Depot nichts zahlen. Wollen Sie einen Indexfonds-Sparplan einrichten, bleibt Ihnen nur der Gang zu einer Direktbank, da es bisher keine Filialbanken gibt, die einen solchen anbieten.

2 Wenn Sie sich für eine Filialbank entscheiden, fragen Sie dort nach dem gewünschten Indexfonds. Achtung: Hier ist Stehvermögen gefragt! Banken verdienen an aktiv gemanagten Fonds mehr als an Indexfonds und verkaufen diese deshalb nicht so gern. Lassen Sie sich nichts anderes aufschwatzen! Gehen Sie lieber zu einer anderen Bank, falls Ihnen der Berater nicht den gewünschten Indexfonds besorgen will. Läuft alles

nach Wunsch, ist der Kauf sehr bequem: Die Bank ordert den Fonds an der Börse und eröffnet für Sie ein Depot, in dem sie ihn verwahrt.

3 Direktbankkunden haben in der Regel weniger Probleme, Indexfonds zu kaufen: ob per einmaligem Betrag oder Sparplan. Folgen Sie einfach bei der entsprechenden Bank dem Link zu den Eröffnungsunterlagen. Meist funktioniert das über den Pfad „Wertpapiere", „Fonds", „ETFs". In der Regel gehören zu den Unterlagen Anträge für die Depoteröffnung und die Sparpläne, ein Freistellungsauftrag und das Formular für die Legitimation. Sie können alles online ausfüllen, dann ausdrucken und unterschreiben.

4 Zahlreiche Direktbanken sind auch telefonisch erreichbar und verschicken die Unterlagen auf Wunsch per Post oder helfen, wenn es bei der Eröffnung per Internet Probleme gibt.

5 Als Direktbankkunde gehen Sie mit den ausgefüllten Unterlagen in eine Postfiliale und legitimieren sich über das Postident-Verfahren (siehe Seite 15). Nach wenigen Tagen bekommen Sie die Zugangsdaten per Post, um Ihr Depot zu aktivieren und Fondsanteile zu kaufen.

RENTENINDEX-FONDS (ETF)

Mit Rentenindexfonds können Sie einfach und flexibel über einen längeren Zeitraum sparen. Sie sind weniger riskant als Aktienindexfonds.

Für alle, die beim Sparen nur ein geringes Risiko eingehen wollen und relativ viel Wert auf Sicherheit legen, eignen sich Rentenfonds. Sie funktionieren im Prinzip wie Aktienfonds (siehe Seite 83): Eine Gesellschaft gründet einen Fonds und verkauft die Anteile daran an viele Kleinanleger. Die Anlegergelder, die so im Fonds landen, investiert sie allerdings nicht in Aktien, sondern in Anleihen – beispielsweise von Staaten oder Unternehmen. Anleihen sind deutlich sicherer als Aktien, sofern das Unternehmen oder der Staat, der sie herausgibt, solide wirtschaftet.

Es gibt Rentenfonds, die nur ganz sichere Anleihen kaufen, wie zum Beispiel deutsche Staatsanleihen, andere wiederum kaufen riskante Papiere von Schwellenländern wie Brasilien oder Indonesien. Einige Rentenfonds investieren in Unternehmensanleihen. Auch hier gibt es sichere und weniger sichere Papiere. Kurz: Die Varianz an Rentenfonds ist groß und nicht jeder eignet sich für Faule.

Am unproblematischsten sind Rentenfonds Euro. Für sie muss man am wenigsten Erfahrung mitbringen. Der Grund: Anders als bei Aktienfonds sind bei Rentenfonds nicht die mit der breitesten Streuung am sichersten, sondern solche, die Anleihen von Staaten oder Unternehmen kaufen, die besonders kreditwürdig sind. Bis vor kurzem gab es mit der Kreditwürdigkeit von Eurostaaten keinerlei Probleme. Seit der Eurokrise sollte man aber ein wenig genauer hinschauen, welche Papiere ein Rentenfonds Euro kauft. Als solide gelten derzeit neben Deutschland zum Beispiel Österreich, Finnland oder die Niederlande, während vor allem Griechenland, Portugal und Irland sowie Spanien und Italien mit Problemen zu kämpfen haben. Bei unseren Produktempfehlungen haben wir das berücksichtigt.

Indexfonds oder ETFs

Ebenso wie bei Aktienfonds gibt es auch bei Rentenfonds zwei Gruppen: die herkömmlichen aktiv gemanagten Fonds und die neuere Gruppe der Indexfonds, auch ETFs genannt:

Bei aktiv gemanagten Fonds verwaltet ein Fachmann – der Fondsmanager – die Gelder im Fonds. Er hält sich nicht an feste Regeln, sondern verfolgt eine eigene, für Anleger oft unergründliche Strategie. Das kann erfolgreich sein, ist in der Vergangenheit aber auch bei Rentenfonds schon oft schiefgegangen. Zudem sind gerade bei den Rentenfonds Euro die Gewinnmargen gering, da sie ohnehin nur sichere Anleihen kaufen, die keine hohen

Erträge abwerfen. Also kann der Manager auch mit Geschick nicht viel mehr erwirtschaften. Dennoch will seine Arbeit bezahlt werden und kostet die Anleger Geld.

Im Gegensatz dazu gibt es bei der anderen Gruppe, den passiv gemanagten Fonds, keinen Manager, der seine eigene Strategie verfolgt, was sie kostengünstiger macht. Sie bilden einen Index nach und sind unter dem Namen Indexfonds oder ETF besser bekannt.

Fonds, die einen Rentenindex zu kopieren versuchen, heißen Rentenindexfonds. Sie sind nicht nur preiswerter, sondern auch einfacher zu handhaben und brauchen nicht viel regelmäßige Pflege, weil sie weniger Überraschungen bereithalten als herkömmliche Rentenfonds. Deshalb sind sie für faule Anleger erste Wahl.

INFO   **Was ist ein Rentenindex?**
Der Dax ist ein Aktienindex. Er misst die Wertentwicklung der 30 größten Aktien am deutschen Markt und ist damit eine Art Kursbarometer für den deutschen Aktienmarkt. Solche Indizes gibt es nicht nur für Aktienmärkte, sondern auch für den Anleihemarkt. Weil Anleihen auch „Renten" genannt werden, spricht man von Rentenindizes. Ein wichtiger Rentenindex ist etwa der „eb.rexx", der die Wertentwicklung von 25 deutschen Staatsanleihen abbildet.

Sie werden in der Regel über die Börse gehandelt, daher auch der Name ETF. Die Abkürzung steht für „Exchange Traded Fund" – zu Deutsch „börsengehandelter Fonds". Kaufen kann man sie über jede Bank.

Fondssparplan

Rentenindexfonds eignen sich derzeit vor allem, um regelmäßig zu sparen. Mit einem Fondssparplan beteiligen Sie sich stetig mit kleinen Schritten an einem Fonds, ohne dass Sie sich groß darum kümmern müssen. Das Geld wird einfach von Ihrem Konto abgebucht, und die Bank kauft davon Fondsanteile. Der Vorteil gegenüber einem Banksparplan (siehe Seite 77) ist, dass Sie weder irgendwelche Kündigungsfristen einhalten noch eine Laufzeit vereinbaren müssen. Sie zahlen einfach so lange und so viel ein, wie Sie möchten, und können beides jederzeit ändern. Einzige Voraussetzung: Der Mindestbetrag muss eingehalten werden. Der liegt meist bei 25 bis 50 Euro. Auch was Sie mit den Fondsanteilen machen, bleibt Ihnen überlassen: Sie können Anteile jederzeit verkaufen oder so lange liegen und für sich arbeiten lassen, bis Sie das Geld brauchen.

Renditechancen

Neben Kursgewinnen, die Anleihen erzielen können, stammt ein Gutteil der Erträge von Rentenfonds aus regelmäßigen Zinseinkünften, die diese Wertpapiere abwerfen. Aus diesem Grund wirkt sich das derzeit immer noch relativ niedrige Zinsniveau auch auf deren Rendite aus. Das macht sie momentan für die Anlage von größeren Beträgen weniger attraktiv. Bei einem langfristigen Sparplan kann man allerdings davon ausgehen, dass die Zinsen und damit die Erträge wieder steigen. So hat unsere Langfristanalyse ergeben, dass die Fonds auf deutsche Staatsanleihen zum Beispiel in der Vergangenheit Renditen von fast 7 Prozent gebracht haben.

Sicherheit

Das Risiko ist bei Rentenfonds Euro relativ gering. Es kann zwar Verlustphasen geben, die aber in der Regel kaum länger als ein Jahr dauern.

Allerdings empfiehlt es sich für sicherheitsorientierte Anleger seit der Eurokrise, darauf zu achten, dass die Fonds keine Papiere von Euro-Wackelkandidaten wie Griechenland, Portugal oder Irland enthalten. Bei unseren Produktempfehlungen haben wir einen Indexfonds ausgewählt, der ausschließlich in deutsche Staatsanleihen investiert. Sie gelten als die sichersten Papiere überhaupt.

Faulheitsfaktor

Rentenindexfonds eignen sich vor allem deshalb für Faule, weil sie bei dieser Anlage kaum einen Finger krumm machen müssen. Der Hauptaufwand ist es, sich einen passenden auszusuchen. Haben Sie einen Sparplan eingerichtet, kann Ihr Geld in Ruhe arbeiten, bis Sie es brauchen.

Flexibilität

Sie kommen jederzeit an das Geld heran. Sollte es finanziell eng werden, können Sie die Anteile über die Bank verkaufen. Es kann allerdings sein, dass der Rücknahmepreis zu dem Zeitpunkt unter dem liegt, was Sie dafür bezahlt haben – vor allem, wenn Sie Ihr Geld nur für kurze Zeit anlegen.

Kosten

Beim Kauf vom Indexfonds-Sparplänen zahlen Sie bei jeder Einzahlung eine Gebühr an die Bank, die den Sparplan anbietet. Diese kann fix oder prozentual sein oder eine Kombi aus beidem. Handelt es sich um eine prozentuale Gebühr, ist es egal, ob Sie monatlich oder vierteljährlich sparen. Ist sie fix, kann vierteljährliches Sparen günstiger sein.

Besteuerung

Sowohl für Gewinne beim Verkauf der Fondsanteile als auch für die jährlichen Zinsausschüttungen fallen 25 Prozent Abgeltungsteuer plus Solidaritätszuschlag und gegebenenfalls Kirchensteuer an. Es sei denn, Sie haben Ihren Sparerpauschbetrag von jährlich 801 Euro bei Singles und 1 602 Euro bei Ehepaaren noch nicht ausgereizt und einen Freistellungsauftrag gestellt (siehe Seite 130). Bis zu dieser Grenze sind Ihre Erträge steuerfrei.

Das gilt im Übrigen auch für Kinder, wenn der Sparplan auf ihren Namen läuft, um für ihre Ausbildung vorzusorgen. Da es dabei aber ein paar Fallstricke gibt, sollten Sie den speziellen Abschnitt dazu auf Seite 131 lesen, bevor Sie Geld auf Ihre Kinder übertragen.

Produktempfehlungen

Die Namen von Indexfonds sind meist sehr sperrig, wovon Sie sich aber nicht irritieren lassen sollten. Besonders sicher ist zum Beispiel der „iShares eb.rexx Government Germany" mit der Wertpapierkennnummer (WKN) „628946". Er investiert ausschließlich in deutsche Staatsanleihen.

In unserem Test im März 2011 boten zum Beispiel die comdirect bank (www. comdirect.de, Tel. 0 180 3/44 45) oder Cortal Consors (www.cortalconsors.de, Tel. 09 11/3 69 90 00) diesen Fonds günstig als Sparplan an.

DIE SCHRITTE ZUM KAUF

1 Filialbanken haben bisher keine Sparpläne auf Rentenindexfonds im Angebot. Deshalb müssen Sie sich an eine Direktbank wenden. Sie sind ausschließlich über das Internet oder per Telefon zu erreichen.

2 Für den Kauf von Wertpapieren wie Fonds brauchen Sie ein Depot, in dem sie verwahrt werden. Das kostet häufig jährliche Gebühren. Bei vielen Direktbanken ist das Depot kostenlos – so

auch bei den Banken, die wir unter den Produktempfehlungen genannt haben.

3 Folgen Sie einfach bei der entsprechenden Bank dem Link zu den Eröffnungsunterlagen. Meist funktioniert das, indem Sie nach „Wertpapieren" suchen und sich dann über „Fonds" und „ETFs" weiter voranklicken. In der Regel gehören zu den Unterlagen der Antrag für die Depoteröffnung, der Antrag für den Sparplan, ein Freistellungsauftrag für die Steuer und das Formular für das Postident-Verfahren. Sie können alles online ausfüllen und dann ausdrucken und unterschreiben.

4 Manche Direktbanken sind auch telefonisch erreichbar und verschicken die Unterlagen auf Wunsch per Post oder helfen, wenn es beim Online-Kauf Probleme gibt.

5 Gehen Sie mit den ausgefüllten Unterlagen in eine Postfiliale und legitimieren Sie sich über das Postident-Verfahren (siehe Seite 15). Nach wenigen Tagen bekommen Sie die Zugangsdaten per Post, um Ihr Depot zu aktivieren und Fondsanteile zu kaufen.

RENDITE-BAUSPAREN

Bausparen kann sich auch lohnen, wenn Sie nicht einmal im Traum an ein Eigenheim denken. Noch mehr bringt Rendite-Bausparen bei Anspruch auf staatliche Förderung.

Die meisten glauben, ein Bausparvertrag sei nur etwas für Leute, die irgendwann ein Haus oder eine Wohnung kaufen oder bauen wollen. Doch weit gefehlt! Derzeit taugt Bausparen auch als renditestarke Geldanlage. Das sogenannte Rendite-Bausparen lohnt sich vor allem, wenn Sie Anspruch auf staatliche Förderung wie die Arbeitnehmersparzulage oder Wohnungsbauprämie haben (siehe Kasten rechts). Bei den Spitzentarifen der Bausparkassen sind derzeit inklusive der staatlichen Prämien und Zulagen über 5 Prozent Rendite drin. Allerdings ist die Auswahl nicht gerade üppig. Ein Grund dafür ist, dass viele Kassen keine Angebote mehr mit kleinen Bausparsummen machen wollen, die auf maximale Rendite getrimmt sind.

Renditechancen

Anders als Häuslebauer haben Sie als Rendite-Bausparer kein Interesse an einem günstigen Darlehen und wollen stattdessen, dass Ihr Geld in der Sparphase möglichst viel abwirft. Einige Bausparkassen haben Tarife im Angebot, bei denen Sie mit einem Bonuszins belohnt werden, wenn Sie mindestens sieben Jahre sparen und anschließend auf den Kredit verzichten. Das lohnt sich vor allem dann, wenn

auch der Staat noch Geld in einen solchen Vertrag buttert: also insbesondere für junge Leute unter 25 Jahren, die Anspruch auf die Wohnungsbauprämie haben. Die können nämlich nach sieben Jahren mit den Ersparnissen aus dem Vertrag machen, was sie wollen. Alle, die bei Vertragsabschluss älter als 25 sind und die Wohnungsbauprämie kassieren wollen, sind seit Januar 2009 verpflichtet, das Geld in ein Haus oder eine Wohnung zu stecken.

Ebenso wie junge Leute können auch Arbeitnehmer mit niedrigem Einkommen derzeit mehr als 5 Prozent Rendite rausholen. Sie müssen lediglich die vermögenswirksamen Leistungen (VL, siehe Seite 46) vom Arbeitgeber auf ein Bausparkonto überweisen lassen. Wer wenig verdient und bei Vertragsabschluss noch keine 25 Jahre alt ist, kann beide Bausparförderungen kombinieren: Für VL bis zu 470 Euro bekommen Sie die Arbeitnehmersparzulage. Zahlen Sie zusätzlich bis zu 512 Euro in den Bausparvertrag, gibt es darauf die Wohnungsbauprämie.

Aber auch wenn Sie jenseits der 25 sind und besser verdienen, kann sich Rendite-Bausparen derzeit rechnen. Wie sehr, sehen Sie anhand eines individuellen Sparplans, aus dem hervorgeht, wie viel Geld Ihnen die Bausparkasse am Ende der Spardauer einschließlich Bonuszinsen und eventueller staatlicher Förderung auszahlt. Bei den besten Rendite-Tarifen sind bei einer siebenjährigen Sparzeit auch ohne Förderung Renditen bis über 3 Prozent drin. Das kann sich bei den generell niedrigen Zinsen derzeit sehen lassen.

Sicherheit

Ein Bausparvertrag gehört zu den sicheren Geldanlagen, da die Einlagen bei allen deutschen Bausparkassen durch die gesetzliche Einlagensicherung und die ergänzenden Sicherungseinrichtungen der Bausparkassen in unbegrenzter Höhe geschützt sind. Zudem dürfen die Kassen die Gelder nur sehr konservativ anlegen und

---

INFO **Förderung für Rendite-Bausparer im Überblick**

Arbeitnehmersparzulage

Weil dem Staat daran gelegen ist, dass seine Bürger Vermögen bilden, greift er ihnen in Form der Arbeitnehmersparzulage unter die Arme. Gefördert werden vermögenswirksame Leistungen (VL) – also Geldleistungen, die der Arbeitgeber für den Arbeitnehmer anlegt (siehe Seite 46). Fließt das Geld in einen Bausparvertrag, spendiert der Staat 9 Prozent auf maximal 470 Euro VL jährlich: also bis zu 43 Euro. Sie haben Anspruch darauf, wenn Ihr zu versteuerndes Jahreseinkommen nicht mehr als 17 900 Euro (bei Singles) oder 35 800 Euro (bei zusammen veranlagten Ehepaaren) beträgt.

Wohnungsbauprämie

Rendite-Bausparer, die bei Vertragsabschluss zwischen 16 und 25 Jahre alt sind, können für jährliche Sparleistungen bis zu 512 Euro (Ehepaare: 1 024

Euro) eine Wohnungsbauprämie in Höhe von 8,8 Prozent beantragen, also maximal 45 Euro (Ehepaare: 90 Euro) im Jahr. Voraussetzung ist, dass ihr zu versteuerndes Jahreseinkommen nicht über 25 600 Euro (Ehepaare: 51 200 Euro) liegt. Nach Ablauf einer siebenjährigen Sperrfrist können sie mit dem Geld machen, was sie wollen, ohne die Prämie zu verlieren.

Beide Förderungen kombinieren

Die Wohnungsbauprämie gibt es allerdings nur auf Bausparbeiträge, die nicht schon durch eine Arbeitnehmersparzulage gefördert werden. Wer beide Förderungen voll mitnehmen will, muss daher als Alleinstehender insgesamt 982 Euro einzahlen – 512 Euro für die Wohnungsbauprämie und 470 Euro vermögenswirksame Leistungen für die Sparzulage. Für ein Arbeitnehmer-Ehepaar sind es insgesamt 1 964 Euro.

beispielsweise keine Währungs- oder Aktienrisiken eingehen.

Faulheitsfaktor

Eines muss Ihnen klar sein: Der Abschluss eines Bausparvertrags ist deutlich komplizierter und unbequemer als der eines Banksparplans. Sie müssen eine bestimmte Bausparsumme vereinbaren, und in der Regel fallen Abschluss- und Kontogebühren an. Toprenditen gibt es nur, wenn die Bausparsumme auf die Sparraten und die geplante Spardauer abgestimmt ist. Die optimale Summe ist je nach Bauspartarif verschieden. Dazu kommen komplizierte Bonusregeln. Zum Glück muss Sie das alles nicht zwangsläufig jucken. Es reicht, wenn Sie von den Bausparkassen einen individuellen Sparplan verlangen und sich die Rendite ausrechnen lassen.

Flexibilität

Ein Bausparvertrag ist jederzeit kündbar. Das Guthaben wird dann je nach Tarif drei oder sechs Monate später ausgezahlt. Eine vorzeitige Kündigung ist jedoch fast immer mit Nachteilen verbunden. Kündigen Sie in den ersten sieben Jahren, verlieren Sie in der Regel den Zinsbonus und dazu noch alle staatlichen Sparzulagen und Prämien. Ausnahmen gibt es nur in Härtefällen, etwa einer Kündigung aufgrund einer längeren Arbeitslosigkeit. Sie als Rendite-Bausparer müssen daher mindestens sieben Jahre warten, bis Sie auf das gesamte Guthaben Ihres Vertrags inklusive Prämien zugreifen können. Zudem müssen Sie meist warten, bis der Vertrag zugeteilt wird. Das passiert meist erst, wenn Sie ein Mindestguthaben von 40 oder 50 Prozent der vereinbarten Bausparsumme angespart haben. Kündigen Sie vorher, gehen die Bonuszinsen in der Regel verloren.

Kosten

Von Ihren eingezahlten Beträgen und Sparzinsen geht meist eine Abschlussgebühr in Höhe von 1,0 bis 1,6 Prozent der Bausparsumme ab. In vielen Fällen kommen Kontogebühren von bis zu 30 Euro im Jahr dazu. Wollen Sie vor der Zuteilung des Bausparvertrags an Ihr Geld, müssen Sie nach einer Kündigung noch drei bis sechs Monate auf die Auszahlung warten oder Vorschusszinsen zahlen. Manche Bausparkassen schicken ihren Kunden auch regelmäßig ihr Magazin und verlangen dafür Gebühren. Ein Tipp: Sie können das Magazin ganz einfach abbestellen.

Besteuerung

Auch Bausparverträge unterliegen der Abgeltungsteuer in Höhe von 25 Prozent (Ausnahme: Riester-Bausparverträge, siehe Seite 98). Dazu kommen Solidaritätszuschlag und gegebenenfalls Kirchensteuer. Es sei denn, Sie haben Ihren Sparerpauschbetrag von jährlich 801 Euro bei Singles und 1 602 Euro bei Ehepaaren noch nicht ausgereizt. Die Kasse führt die Steuer für alle Zinserträge ab, für die ihr kein Freistellungsauftrag vorliegt (siehe Seite 130).

Produktempfehlungen

In puncto Rendite lassen Rendite-Bausparverträge derzeit sogar Banksparpläne hinter sich. Wie gut ein Vertrag ist, zeigt sich aber erst am konkreten Angebot. In unserem letzten Test haben die Alte Leipziger (www.alte-leipziger.de, Tel. 0 61 71/66 41 77), die Huk Coburg (www.huk.de, Tel. 0800/2153153) und die Debeka (www.debeka.de, Tel. 02 61/9 43 48 76) gut abgeschnitten.

Schauen Sie am besten auch noch einmal unter www.test.de, Suchwort „Bausparen" nach, ob es eventuell neuere Testergebnisse gibt.

DIE SCHRITTE ZUM KAUF

1 Legen Sie fest, wie viel Geld Sie monatlich sparen wollen, eventuell einschließlich der vermögenswirksamen Leistungen des Arbeitgebers. Legen Sie auch fest, wann Sie über Ihr Erspartes verfügen möchten (Mindestanlagedauer sind sieben Jahre). Sparbetrag sowie Spardauer geben Sie den Bausparkassen fest vor.

2 Lassen Sie sich von den günstigen Bausparkassen individuelle Angebote machen. Die meisten Bausparkassen verfügen über ein breites Filialnetz, Sie können Angebote aber auch online oder per Telefon anfordern. Verlangen Sie einen persönlichen Sparplan, aus dem hervorgeht, wie viel Geld Ihnen die Bausparkasse am Ende der geplanten Laufzeit auszahlen wird, wenn Sie auf ein Bauspardarlehen verzichten – einschließlich Bonuszinsen und staatlicher Förderung. Lassen Sie sich außerdem die Rendite für diesen Sparplan errechnen.

3 Halten sich die Bausparkassen an Ihre Vorgaben, ist das Angebot mit der höchsten Endauszahlung und der höchsten Rendite am besten. Sind Sie mit der Rendite zufrieden, können Sie den Bausparantrag unterschreiben. Die Bausparkasse sendet Ihnen dann die Bausparurkunde zu und zieht die monatlichen Sparraten von Ihrem Konto ein.

4 Falls auch vermögenswirksame Leistungen in den Vertrag fließen sollen (siehe Seite 46), müssen Sie dies Ihrem Arbeitgeber mitteilen. Ein Formular dafür bekommen Sie von der Bausparkasse, in der Regel können Sie es auch von deren Internetseite herunterladen. Dann überweist der Arbeitgeber die Raten direkt auf den Sparvertrag. Die Bausparkasse schickt Ihnen außerdem jedes Jahr den Antrag auf Wohnungsbauprämie zu, in der Regel zusammen mit dem Jahreskontoauszug.

(RIESTER-)BAUSPAREN FÜRS EIGENHEIM

Egal, ob Sie Anspruch auf die Riester-Förderung haben oder nicht: Bausparen fürs Eigenheim sichert niedrige Zinsen für das Darlehen, das Sie aufnehmen müssen.

Für ein Eigenheim benötigen Häuslebauer Eigenkapital und ein möglichst günstiges Darlehen. Eine Möglichkeit, das zu bekommen, ist ein Bausparvertrag. Dessen Konzept: Sich jetzt schon „billiges Geld" für später sichern. Sie zahlen regelmäßig Geld in einen Vertrag, den die Bausparkasse meist niedrig verzinst. Quasi als Entschädigung bekommen Sie im Gegenzug ein günstiges Baudarlehen. Dessen Zinssatz steht schon bei Vertragsabschluss fest – ganz egal, wie sich die Zinsen am Kapitalmarkt in Zukunft entwickeln.

Dreh- und Angelpunkt ist beim Bausparen die sogenannte Zuteilung. Das ist der Zeitpunkt, zu dem der Bausparer die vereinbarte Bausparsumme aus Guthaben und Bauspardarlehen abrufen kann, um damit seine Immobilie oder eine Modernisierung zu finanzieren. Für die Zuteilung muss der Bausparer zwei Voraussetzungen erfüllen: Er muss je nach Tarif meist 30 bis 50 Prozent der Bausparsumme angespart haben. Außerdem muss sein Vertrag eine ausreichend hohe Bewertungszahl erreichen, die wiederum von der Höhe und der Dauer seiner bisherigen Sparleistung abhängt (siehe Seite 101).

Das klingt reichlich kompliziert. Doch im EDV-Zeitalter ist es für die Bausparkasse kein Problem mehr, Ihnen schon bei Vertragsabschluss auszurechnen, wann Sie mit der Zuteilung rechnen können.

Je nach Sparziel kommen unterschiedliche Bauspar-Varianten infrage:

- Für den späteren Bau oder Kauf eines Eigenheims sind Riester-Bausparverträge erste Wahl – sofern Sie Anspruch auf die Riester-Förderung haben (siehe Seite 39). Während der Sparphase erhalten Sie dann Zulagen und Steuervorteile auf Ihre Bausparbeiträge. Nach dem Bau oder Kauf bekommen Sie die Riester-Förderung für die Tilgung eines Baudarlehens. Über die Jahre kommen so viele Tausend Euro Förderung zusammen.

Für Hauseigentümer, die für eine Modernisierung oder einen An- oder Umbau ihres Hauses sparen, kommt nur ein klassischer Bausparvertrag infrage, da solche Baumaßnahmen nicht mit Riester-Zulagen gefördert werden. Auch für alle, die keine Riester-Förderung bekommen, ist ein klassischer Bausparvertrag eine gute Wahl. Ist Ihr Einkommen nicht zu hoch, können Sie auch dabei von einer staatlichen Förderung profitieren: Auf Ihre Sparbeiträge bekommen Sie unter bestimmten Voraussetzungen Wohnungsbauprämien und Arbeitnehmersparzulagen (siehe Seite 100).

Für beide Bauspar-Varianten gilt: Sie sollten sich bereits recht sicher sein, dass Sie Ihren Vertrag später tatsächlich zur Finanzierung einsetzen werden. Denn ohne das günstige Bauspardarlehen bleibt Ihnen nur ein mehr oder weniger schlecht verzinster Sparvertrag. Es gibt zwar auch Bauspartarife, die eine ordentliche Rendite abwerfen, wenn der Bausparer am Ende kein Darlehen in Anspruch nimmt (siehe Rendite-Bausparen Seite 94). Doch diese Rendite-Bausparverträge sind für eine Eigenheimfinanzierung wenig geeignet, weil die Bauspardarlehen deutlich teurer sind als bei normalen Finanzierungstarifen.

Lohnt sich Bausparen?

Eine einfache Frage, auf die eine eindeutige Antwort leider nicht möglich ist. Ob sich ein Bausparvertrag rechnet, hängt nämlich nicht nur von seinen Konditionen, sondern auch von der künftigen Zinsent-

INFO **Riesterförderung für Bausparer**

Seit November 2008 können auch Bausparer von der staatlichen Riester-Förderung profitieren. Seitdem gibt es die Riester-Zulagen und Steuervorteile nicht nur für Sparverträge und Rentenversicherungen, sondern auch für die Tilgung eines Baudarlehens zur Finanzierung der eigenen vier Wände.

Ein Bausparvertrag kombiniert beides: In der Ansparphase bekommen Sie die Zulagen auf Ihre Sparbeiträge. Nach der Zuteilung können Sie Ihr Guthaben als Eigenkapital einsetzen und die Zulagen für die Tilgung des Bauspardarlehens beantragen.

Lohnender kann es aber sein, die Förderung dann für die Tilgung eines anderen Baudarlehens zu nutzen. Denn je höher der Zins ist, den Sie für den Kredit zahlen müssen, desto mehr schlägt die Förderung zu Buche.

Wie bei jedem anderen Riester-Vertrag beträgt die Grundzulage vom Staat 154 Euro im Jahr (Ehepaare: 308 Euro). Dazu kommen pro Jahr 185 Euro für jedes Kind, für das Sie Kindergeld erhalten. Für jedes ab 2008 geborene Kind sind es sogar 300 Euro jährlich.

Um sich die vollen Zulagen zu sichern, müssen Sie jährlich 4 Prozent Ihres Bruttoeinkommens des Vorjahres abzüglich der Ihnen zustehenden Zulagen sparen oder zur Tilgung einsetzen, höchstens aber 2 100 Euro.

Jeder Förderberechtigte kann zudem über die Steuererklärung bis zu 2 100 Euro (Ehepaare: 4 200 Euro) im Jahr inklusive Zulagen als Sonderausgaben absetzen. Die Zulagen werden aber mit der Steuerersparnis verrechnet: Nur wenn diese die Zulagen übersteigt, bleibt ein Steuervorteil übrig.

wicklung ab. Der Nachteil des Bausparens ist die niedrige Guthabenverzinsung in der Sparphase. Der Vorteil ist das günstige Bauspardarlehen, dessen Zinssatz schon heute feststeht. Doch was überwiegt? Es ist zum Beispiel möglich, dass es ein ganz normales Baudarlehen einer Bank in fünf oder sieben Jahren zu einem ähnlich niedrigen Zinssatz gibt oder sogar zu einem günstigeren als das Bauspardarlehen.

Dann hätten Sie sich völlig umsonst mit dem Minizins für Ihre Sparbeiträge begnügt. Auf der anderen Seite: Sollten die Hypothekenzinsen in den kommenden Jahren kräftig steigen, wären Sie als Bausparer klar im Vorteil.

Ein Bausparvertrag ist daher nicht unbedingt die günstigste, aber in jedem Fall eine sichere Lösung. Bausparer sichern sich damit in erster Linie gegen einen

INFO **Weitere Fördermöglichkeiten für Bausparer**

Arbeitnehmersparzulage

Weil dem Staat daran gelegen ist, dass seine Bürger Vermögen bilden, greift er ihnen in Form der Arbeitnehmersparzulage unter die Arme. Gefördert werden vermögenswirksame Leistungen – also Geldleistungen, die der Arbeitgeber für den Arbeitnehmer anlegt (siehe Seite 46). Fließt das Geld in einen Bausparvertrag, spendiert der Staat 9 Prozent auf maximal 470 Euro VL jährlich: also bis zu 43 Euro im Jahr. Sie haben Anspruch darauf, wenn Ihr zu versteuerndes Jahreseinkommen nicht mehr als 17 900 Euro (bei Singles) oder 35 800 Euro (bei zusammen veranlagten Ehepaaren) beträgt.

Wohnungsbauprämie

Bausparer ab 16 Jahren können für jährliche Sparleistungen bis zu 512 Euro (Ehepaare: 1 024 Euro) eine Wohnungsbauprämie in Höhe von 8,8 Prozent beantragen, also maximal 45 Euro (Ehepaare: 90 Euro) im Jahr. Anders als bei der Arbeitnehmersparzulage müssen nicht unbedingt vermögenswirksame Leistungen in den Vertrag fließen. Voraussetzung ist aber, dass Ihr zu versteuerndes Jahreseinkommen nicht über 25 600 Euro (Ehepaare: 51 200 Euro) liegt. Außerdem müssen Sie das geförderte Guthaben später für „wohnungswirtschaftliche Zwecke" ausgeben, also vor allem für den Bau, Kauf oder die Modernisierung einer Immobilie. Ausnahme: Für junge Sparer, die bei Vertragsabschluss noch keine 25 Jahre alt sind, entfällt die Zweckbindung nach Ablauf einer Sperrfrist von sieben Jahren. Danach können sie mit dem Geld machen, was sie wollen, ohne die Prämie zu verlieren.

INFO Bauspar-Glossar

- **Abschlussgebühr.** Sie beträgt meist 1 Prozent der Bausparsumme.
- **Bauspardarlehen.** Bausparsumme minus Guthaben ergibt meist die Höhe des Darlehens. Es gibt aber auch Tarife mit einem festen Kreditanspruch von 50 oder 60 Prozent der Bausparsumme. In der Regel liegt der Darlehenszins bei 2,80 bis 4,25 Prozent, die Laufzeit beträgt oft sieben bis elf Jahre.
- **Bausparsumme.** Ihre Höhe wird im Bausparvertrag vereinbart. Ausgezahlt wird sie, wenn der Vertrag die Voraussetzungen für die Zuteilung (Mindestguthaben und erforderliche Bewertungszahl) erfüllt. Von der Bausparsumme hängen Abschlussgebühr, Mindestguthaben und Tilgungsrate ab. Als Faustregel gilt übrigens, dass sie bei sieben Jahren Sparzeit das Zehnfache der jährlichen Sparbeträge nicht übersteigen sollte. Beispiel: Zahlen Sie 100 Euro im Monat, sind das 1 200 Euro im Jahr. Dann sollte die Bausparsumme 10 x 1 200 Euro, also 12 000 Euro, nicht übersteigen.
- **Bewertungszahl.** Eine Einschätzung der Sparleistung eines Bausparers seitens der Bausparkasse. Von ihr hängt ab, wann der Vertrag zugeteilt und zu welchen Konditionen das Darlehen vergeben wird. Die Bewertungszahl wird an mehreren Stichtagen im Jahr ermittelt. Da legen die Bausparkassen auch die Zielbewertungszahl fest, die der Vertrag mindestens erreichen muss.
- **Guthabenzins.** Er beträgt meist 0,5 bis 1,5 Prozent. Bei Darlehensverzicht gibt es in einigen Tarifen einen Bonus.
- **Mehrzuteilung.** Bei Tarifen mit Mehrzuteilung kann der Bausparer ein höheres Bauspardarlehen wählen und sich mehr als die Bausparsumme auszahlen lassen. Der Preis dafür ist ein höherer Tilgungsbeitrag.
- **Mindestsparguthaben.** Vor der Zuteilung des Vertrags muss der Bausparer bei den meisten Tarifen 30 bis 50 Prozent der Bausparsumme ansparen.
- **Regelsparbeitrag.** Monatlicher Sparbeitrag von meist 3 bis 5 Promille der Bausparsumme, zu der sich der Bausparer verpflichtet.
- **Tilgungsbeitrag.** Die Rate, die der Bausparer monatlich für Zins und Tilgung des Bauspardarlehens aufbringen muss. Es gibt Optionstarife, die ein Wahlrecht zwischen verschieden hohen Tilgungsraten bieten.
- **Zielbewertungszahl.** Bewertungszahl, die ein Bausparvertrag vor der Zuteilung erreichen muss.
- **Zuteilung.** Zeitpunkt, ab dem die Bausparkasse die Bausparsumme zur Auszahlung bereithält: meist drei bis neun Monate nach dem Stichtag, an dem der Bausparer Mindestguthaben und Zielbewertungszahl erreicht.

möglichen Zinsanstieg am Kapitalmarkt ab. Unsere Berechnungen zeigen zudem: Bei den günstigsten Tarifen fahren Bausparer derzeit schon bei einem kleinen Zinsanstieg besser als mit einem herkömmlichen Banksparplan.

Sicherheit

Ein Bausparvertrag gehört zu den sicheren Geldanlagen, da die Einlagen bei allen deutschen Bausparkassen durch die gesetzliche Einlagensicherung und die ergänzenden Sicherungseinrichtungen der Bausparkassen in unbegrenzter Höhe geschützt sind. Zudem dürfen die Kassen die Gelder nur sehr konservativ anlegen und beispielsweise keine Währungs- oder Aktienrisiken eingehen.

Risiken können allerdings durch eine falsche Beratung entstehen: Lassen Sie sich nicht beim Abschluss zu einer zu hohen Bausparsumme überreden, die dazu führen könnte, dass das Geld zum geplanten Bautermin nicht zur Verfügung steht. Dann müssten Sie die Summe zwischenfinanzieren, und das kann teuer kommen (siehe Seite 101 „Bausparsumme").

Faulheitsfaktor

So sicher ein Bausparvertrag auch ist: Der Abschluss ist nicht ganz unkompliziert. Ein Bausparvertrag besteht aus einem ganzen Bündel unterschiedlicher Konditionen. Wichtig sind nicht nur die Guthaben- und Darlehenszinsen, sondern auch Abschluss- und Darlehensgebühren, die Höhe des Mindestspargthabens, die Dar-

lehensrate, das Zuteilungsverfahren, Wahlrechte des Bausparers und vieles mehr. Um es bequemer zu haben, sollten Sie sich daher von mehreren Bausparkassen individuelle Spar- und Tilgungspläne erstellen lassen. So können Sie die Angebote leichter vergleichen und das richtige für sich auswählen. Haben Sie den Vertrag einmal abgeschlossen, ist er allerdings extrem pflegeleicht.

Flexibilität

Sie können den Sparbeitrag erhöhen oder eine Zeit lang mit dem Sparen aussetzen. Sonderzahlungen sind von der Zustimmung der Bausparkasse abhängig.

Bei einigen Tarifen ist es nach einer Mindestlaufzeit von zwei Jahren möglich, jederzeit die Zuteilung zu beantragen. Dafür müssen Sie allerdings Nachteile in Kauf nehmen, wie beispielsweise einen hohen Tilgungsbeitrag oder ein geringeres Bauspardarlehen.

Kündigen können Sie einen Bausparvertrag jederzeit. Das Guthaben wird dann je nach Tarif drei oder sechs Monate später ausgezahlt. Eine vorzeitige Kündigung führt jedoch dazu, dass Sie den Darlehensanspruch verlieren. Außerdem gehen damit in der Regel die staatliche Förderung und häufig auch Bonuszinsen der Bausparkasse verloren.

Bei Riester-Bausparverträgen darf das Guthaben nur für die Finanzierung des Baus oder Kaufs der eigenen vier Wände eingesetzt oder auf einen anderen Riester-Sparvertrag übertragen werden. Sonst müssen Sie Zulagen und Steuervorteile zurückzahlen und Erträge aus dem Bausparvertrag nachversteuern.

Kosten

Von Ihren eingezahlten Beiträgen und Sparzinsen geht eine Abschlussgebühr in Höhe von 1,0 bis 1,6 Prozent der Bausparsumme ab. In vielen Fällen kommen Kontogebühren von 10 Euro, manchmal auch bis zu 30 Euro im Jahr dazu. Wollen Sie vor der Zuteilung des Vertrags an Ihr Geld, müssen Sie nach einer Kündigung noch drei bis sechs Monate auf die Auszahlung warten oder Vorschusszinsen zahlen.

Manche Bausparkassen schicken ihren Kunden auch regelmäßig ihr Magazin und verlangen dafür Gebühren. Sie können das Magazin abbestellen und sich diese Gebühren sparen.

Besteuerung

Bausparverträge ohne Riester-Förderung fallen unter die Abgeltungsteuer von 25 Prozent plus Solidaritätszuschlag und gegebenenfalls Kirchensteuer. Bis zum Sparerpauschbetrag von jährlich 801 Euro bei Singles und 1 602 Euro bei Ehepaaren sind Ihre Zinsen steuerfrei – wenn der Bausparkasse ein Freistellungsauftrag vorliegt (siehe Seite 130).

Auf Riester-Bausparverträge müssen Sie dagegen zunächst keine Steuern zahlen. Alle geförderten Beträge – Sparbeiträge und Tilgungsleistungen – werden aber ab Beginn der Baufinanzierung auf einem sogenannten Wohnförderkonto verbucht,

das mit 2 Prozent verzinst wird. Die Beträge auf diesem Konto müssen Sie im Rentenalter versteuern – entweder in jährlichen Raten bis zum 85. Lebensjahr oder auf einen Schlag zu Rentenbeginn, wobei dann nur 70 Prozent des Betrags versteuert werden müssen.

Sie sollten sich daher von Ihrer Bausparkasse ausrechnen lassen, mit welcher Steuerbelastung Sie im Rentenalter ungefähr rechnen müssen. Die Steuern sollten Sie aber nicht von einer Riester-Finanzierung abhalten. Unterm Strich überwiegen die finanziellen Vorteile aus der Riester-Förderung deutlich.

Produktempfehlungen

Wie gut ein Bausparvertrag ist, zeigt sich erst am konkreten Angebot. Daher sollten Sie sich von mehreren Bausparkassen einen individuellen Spar- und Tilgungsplan erstellen lassen. Sind Sie Riester-förderberechtigt, sollten auch die Riester-Zulagen in diesem Plan berücksichtigt sein.

In unserem letzten Test haben bei den Riester-Bausparverträgen vor allem die Alte Leipziger (www.alte-leipziger.de, Tel. 0 61 71/66 41 77), die Huk Coburg (www.huk.de, Tel. 0800/2153153 sowie – ab 50 000 Euro Bausparsumme – Wüstenrot (www.wuestenrot.de, Tel. 0 180 3/ 16 00 10) gut abgeschnitten.

Prüfen Sie am besten auch auf der Seite www.test.de, Suchwort „Bausparverträge", ob es inzwischen neuere Tests gibt, und nutzen Sie den kostenlosen Rechner unter www.test.de/bausparrechner. Damit können Sie Angebote mit und ohne Riester-Förderung miteinander und mit einer Bankfinanzierung vergleichen.

DIE SCHRITTE ZUM KAUF

1 Lassen Sie sich von mindestens drei Bausparkassen individuelle Angebote erstellen. Geben Sie vor, wie viel Sie monatlich sparen können und wann die Bausparsumme ungefähr zur Verfügung stehen soll. Fragen Sie nach einem Riester-Tarif, wenn Sie Anspruch auf die Riester-Förderung haben und gezielt für ein Eigenheim sparen wollen.

2 Verlangen Sie einen persönlichen Spar- und Tilgungsplan für jedes Angebot. Daraus muss hervorgehen, wann der Vertrag voraussichtlich zugeteilt wird, wie hoch Ihr Guthaben dann ist, welches Darlehen Sie bekommen und welche Rate Sie dafür bis zur Schuldentilgung zahlen müssen. Achten Sie darauf, dass die voraussichtliche Zuteilung zumindest ungefähr an Ihrem Wunschtermin erfolgt.

3 Lassen Sie die Angebote am besten von einer Verbraucherzentrale überprüfen und vergleichen. Die Adressen der Verbraucherzentralen finden Sie unter www.verbraucherzentrale.info.

Wenn Sie sich mit Bausparverträgen ein wenig auskennen, können Sie auch unseren kostenlosen Vergleichsrechner im Internet nutzen unter www.test.de/bausparrechner.

4 Haben Sie sich für ein Angebot entschieden, kümmert sich die Bausparkasse um die Vertragsabwicklung. Sie müssen nur den Bausparantrag unterschreiben. Prüfen Sie aber vorher, ob der Tarif, die Bausparsumme und der Sparbeitrag im Bausparantrag mit den Angaben im Angebot übereinstimmen.

5 Wenn Sie einen Riester-Vertrag abgeschlossen haben, bekommen Sie von der Bausparkasse einen Dauerzulagenantrag. Darin sollten Sie die Kasse bevollmächtigen, den Zulagenantrag in den Folgejahren für Sie zu stellen. So müssen Sie sich nicht selbst jedes Jahr erneut darum kümmern.

6 Falls vermögenswirksame Leistungen in Ihren Vertrag fließen sollen, müssen Sie dies Ihrem Arbeitgeber mitteilen. Ein Formular dafür bekommen Sie von der Bausparkasse, in der Regel können Sie es auch von deren Internetseite herunterladen. Die Bausparkasse schickt Ihnen außerdem jedes Jahr den Antrag auf Wohnungsbauprämie zu, in der Regel zusammen mit dem Jahreskontoauszug.

RIESTER-BANKSPARPLAN

Flexibel, kostengünstig und leicht zu verstehen: Das sind Riester-Banksparpläne. Weil langfristig auch die Renditeaussichten stimmen, sind sie die ideale Altersvorsorge für fast jeden.

Ein Bankssparplan ist ein Ratenvertrag, bei dem es darum geht, aus kleineren Beträgen einen größeren Betrag anzusparen. Sie vereinbaren also mit Ihrer Bank, in regelmäßigen Abständen – meist monatlich – einen festen Betrag auf ein Konto einzuzahlen. Manche Banken verlangen nur 5 Euro Mindestbeitrag. Meist werden jedoch zwischen 25 und 50 Euro verlangt. Bei Verträgen mit dem Etikett „Riester" sparen Sie nicht alleine: Der Staat hilft Ihnen kräftig dabei (siehe Seite 42).

Derzeit bieten fast nur Sparkassen und Genossenschaftsbanken (Volks- und Raiffeisenbanken) Riester-Bankspapläne an, und das nicht flächendeckend. Viele Interessenten müssen sich deshalb an eine ortsfremde Bank wenden und die Formalitäten per Post erledigen.

Renditechancen

Ein guter Riester-Bankspaplan verbindet gute Renditen mit maximaler Sicherheit. Wie viel dabei am Ende herausspringt, lässt sich nicht genau vorhersagen. Das hängt vom Vertrag ab und davon, wie sich die Zinsen entwickeln. Der Zinssatz wird bei fast allen Sparplänen regelmäßig an die allgemeine Zinsentwicklung angepasst. Weil die Marktzinsen derzeit noch relativ niedrig sind, sind auch die Zinsen für Bankspapläne nicht üppig. Das kann sich aber schnell wieder ändern: In Hochzinsphasen wie in den 90er-Jahren gab es schon Zinssätze von 8 Prozent. Allein auf die aktuellen Zinssätze der Sparpläne zu schielen macht daher keinen Sinn, weil ein hoher oder niedriger Anfangszins nicht bedeutet, dass das Angebot auch auf Dauer gut oder schlecht ist. Viel wichtiger ist, nach welchem Maßstab die Zinsen angepasst werden.

Bei einigen Volksbanken ist das die sogenannte Umlaufrendite, an der man täglich ablesen kann, wie viel Zinsen Bundeswertpapiere bringen. Ändern sich die Zinsen dafür kurzfristig, schlägt sich das voll im Sparplan nieder. Sparkassen wählen dagegen gern eine selbst komponierte Mischung aus kurz- und längerfristigen Zinsen. Hinzu kommen noch laufzeitabhängige Boni und Zinszuschläge. Diese Zinsmischungen reagieren meist sehr träge auf Zinsänderungen. Das ist gut, wenn die Zinsen sinken, und schlecht, wenn sie steigen, weil Sie erst spät davon profitieren. Wer davon überzeugt ist, dass die Zinsen mittelfristig stark nach oben gehen, ist mit einem sogenannten Umlaufrendite-Sparplan gut bedient.

Sicherheit

Riester-Banksparpläne sind ein Musterbeispiel für risikoloses Sparen. Es besteht keinerlei Risiko, Geld zu verlieren – auch dann nicht, wenn Sie in einen anderen Riester-Vertrag wechseln oder den Vertrag ruhen lassen.

Faulheitsfaktor

Der Vorteil eines Banksparplans ist dessen einfache Handhabung. Zwar müssen sich viele Sparer an eine ortsfremde Bank wenden, aber auch dieser Aufwand hält sich in Grenzen. Nur die staatlichen Zulagen gibt es nicht automatisch: Sie müssen per Zulagenantrag eingefordert werden. Bis der Anspruch verfällt, haben Sie zwei Jahre Zeit. Mittlerweile reicht ein Dauerzulagenantrag für die gesamte Laufzeit, den Sie nur erneuern müssen, wenn sich Ihre familiäre Situation ändert. Sie bekommen ihn vom Anbieter und sollten ihn am besten gleich beim Abschluss ausfüllen.

Flexibilität

Der Banksparplan ist das flexibelste aller Riester-Produkte: Wie bei allen Riester-Produkten können Sie die Ratenhöhe variieren oder die Zahlungen ganz aussetzen. Anders als bei einem Riester-Fondssparplan oder einer Riester-Rentenversicherung können Sie zudem das Geld aus dem Riester-Banksparplan auch ohne Renditeeinbußen zur Immobilienfinanzierung nutzen.

Auszahlen lassen sollten Sie sich das Geld aber nicht: Mit einem Riester-Vertrag fördert der Staat den Vermögensaufbau für die Altersvorsorge. Wollen Sie vorzeitig an das Geld heran, müssen Sie die staatliche Förderung zurückzahlen.

Kosten

Bei Abschluss eines Riester-Banksparplans fallen keine Gebühren an, aber geringe laufende Kosten gibt es häufig.

Besteuerung

Für Riester-Verträge gibt es in der Ansparphase staatliche Zulagen und Steuerersparnisse (siehe Seite 43).

Auf die Auszahlung im Alter fallen Steuern an. Dann gilt der persönliche Steuersatz, der im Rentenalter meist niedriger ist, weil das Einkommen nicht so hoch ist.

Produktempfehlungen

Bei unseren Untersuchungen kam heraus, dass Kunden mit schlechten Sparplänen pro Jahr mehr als 1 Prozent Ertragserwartung verschenken, was bei einer Spardauer von 10 bis 15 Jahren einen Unterschied von mehreren Tausend Euro ausmacht. Bei 25 Jahren können es mehr als 10 000 Euro sein.

Für Laien ist es sehr schwer, die unterschiedlichen Zinskonditionen zu beurteilen. Deshalb lohnt sich die (überschaubare) Mühe, einen gut getesteten Sparplan herauszusuchen.

Unter www.test.de, Suchwort „Riester-Banksparpläne" finden Sie den jeweils aktuellen Test. Der Abruf kostet 1,50 Euro. Die Tests berücksichtigen nicht nur die

Basisverzinsung der Sparpläne, sondern auch Sonderzahlungen wie Boni und Prämien.

Im letzten Test haben zum Beispiel die überregionalen Angebote der Sparkasse Detmold (www.sparkasse-detmold.de, Tel. 05231/9301), der Landsparkasse Schenefeld (www.landsparkasse.de, Tel. 04821/60740) sowie der Volksbank Gronau-Ahaus (www.vbga.de, Tel. 02562/914-100) gut abgeschnitten. Darüber hinaus gab es aber auch gute Angebote, die regional beschränkt waren.

DIE SCHRITTE ZUM KAUF

1 Gibt es gut getestete Riester-Banksparpläne bei Banken in Ihrer Nähe, können Sie den Vertrag dort abschließen. Sind attraktive Sparpläne in Ihrer Gegend nicht zu bekommen, sollten Sie sich an eine ortsfremde Bank wenden, die ein gutes Angebot hat. Das geht ganz einfach telefonisch oder über das Internet.

2 Fragen Sie vor Abschluss des Vertrags sicherheitshalber nach, ob sich die Konditionen des Sparplans seit dem Test verschlechtert haben oder vergleichen Sie die Angaben auf der Homepage der Bank mit denen im Test.

3 Schließen Sie den Sparplan bei einer ortsfremden Bank ab, besorgen Sie sich die nötigen Unterlagen im Internet auf der Homepage der anbietenden Bank. Folgen Sie dort auf der Produktseite dem Link zu den Kontoeröffnungsunterlagen. Dazu gehören meist der Antrag und das Postident-Formular. Bei allen Riester-Produkten ist zudem der Dauerzulagenantrag wichtig, damit Ihnen die staatliche Förderung gutgeschrieben wird. In der Regel können Sie alles online ausfüllen und ausdrucken.

4 Alternativ können Sie die Banken auch telefonisch bitten, Ihnen die Unterlagen per Post zukommen zu lassen.

5 Gehen Sie anschließend mit den ausgefüllten Unterlagen zu einer Postfiliale und legitimieren Sie sich über das Postident-Verfahren (siehe Seite 15).

6 Nach einigen Tagen bekommen Sie die Zugangsdaten per Post, um Ihren Sparplan zu aktivieren. Dann können Sie die Raten überweisen.

RIESTER-FONDSSPARPLAN

Riester-Fondssparpläne bieten hohe Renditechancen. Gute Erträge erzielen Sie aber nur, wenn es an der Börse gut läuft. Sie kommen daher nur für junge Leute infrage.

Sie sind noch keine 40 und haben somit noch genügend Zeit bis zur Rente? Dann eignet sich ein Riester-Fondssparplan für Sie. Damit lässt sich im Vergleich zu anderen Riester-Produkten langfristig mehr aus Ihrem Geld herausholen. Das haben inzwischen fast drei Millionen Menschen in Deutschland erkannt, die Monat für Monat Geld in solche Sparpläne einzahlen.

Mit Riester-Fondssparplänen beteiligen Sie sich an den Aktienmärkten. Diese unterliegen starken Schwankungen: Sie können steigen, können aber auch kräftig ins Minus rutschen. Die Wahrscheinlichkeit, am Ende mit Fondssparplänen ein Plus zu machen, steigt beträchtlich, wenn Sie noch lange Zeit bis zur Rente haben. Deshalb eignen sich diese Angebote nur für jüngere Sparer.

Im Vergleich zu herkömmlichen Fondssparplänen haben Riester-Produkte einen großen Vorteil: Bei Rentenbeginn dürfen sie nicht im Minus sein. Dann müssen mindestens die gesamten Einzahlungen plus staatliche Zulagen (siehe Seite 43) vorhanden sein. Das ist gesetzlich so geregelt. Wie die Fondsgesellschaften das hinbekommen, ist deren Sache. Als Konsequenz daraus bauen sie die Sparpläne so auf, dass von vornherein nichts schief-

gehen kann. Schließlich wollen sie Kurseinbrüche nicht aus eigener Tasche ausgleichen. Sobald die Garantie gefährdet ist, schichten sie das Geld der Sparer zwischen den Fonds hin und her: holen es aus den renditestärkeren Aktienfonds heraus und stecken es in sicherere Rentenfonds.

Ganz baden gehen können Sie mit einer solchen Geldanlage also nicht. Denn selbst im unwahrscheinlichen Fall, dass die Fonds überhaupt keine Erträge einfahren, haben Sie am Ende dank staatlicher Zulagen mehr als sie selbst eingezahlt haben. Damit das so bleibt, sollten Sie Ihren Vertrag nicht wechseln, wenn Sie gerade im Minus sind. Sonst schreiben Sie Kursverluste fest. Legen Sie den Vertrag stattdessen einfach nur still, bleibt die Garantie Ihrer bisherigen Einzahlungen bestehen.

EIN GRAVIERENDER UNTERSCHIED

Wer sich für einen Riester-Fondssparplan interessiert, sollte gut aufpassen, dass er auch einen bekommt und nicht etwa eine Riester-Fondspolice (siehe Seite 146). Das ist eine Kombination aus Rentenversicherung mit Fonds, die in fast allen Fällen zu teuer ist, weil die Versicherungsunternehmen und Vermittler beim Abschluss ordentlich mitverdienen. Auch wenn Ihnen die Berater die Kombination aus Mindestrente und ertragreichem Fondsinvestment im besten Licht präsentieren: Lassen Sie sich nichts aufschwatzen, sondern bestehen Sie auf dem Fondssparplan, den Sie sich ausgesucht haben. Den können Sie online und per Post auch direkt bei der Investmentgesellschaft abschließen.

Renditechancen

Riester-Fondssparpläne bieten die besten Gewinnchancen aller Riester-Produkte. Wie hoch Ihre Rente am Ende aber tatsächlich ausfällt, lässt sich nicht voraussagen, weil der Wert der Fondsanteile während der Laufzeit sehr stark schwanken kann. Im schlechtesten Fall haben Ihre Fonds überhaupt keine Rendite gebracht. Läuft es an der Börse aber gut, sind durchschnittlich 9 Prozent Rendite pro Jahr drin.

Sicherheit

Gewinnen können Sie mit einem Riester-Produkt immer, verlieren hingegen nie. Mindestens Ihre Einzahlungen plus die staatlichen Zulagen sind zum Rentenbeginn garantiert. Sie tragen nur das Risiko, dass Ihre Rendite kleiner ausfällt als erhofft. Auch wenn die Fondsgesellschaft während der Laufzeit pleitegehen sollte, ist Ihr Erspartes abgesichert. Die Gläubiger hätten keinen Zugriff auf die Kundengelder im Fonds.

Faulheitsfaktor

Der Vorteil eines Sparplans ist dessen einfache Handhabung. Sie zahlen einfach ein und müssen sich nicht um die Fondsauswahl kümmern. Das übernimmt die Fondsgesellschaft für Sie.

Nur die staatlichen Zulagen gibt es nicht automatisch: Sie müssen per Zulagenantrag eingefordert werden. Bis der Anspruch verfällt, haben Sie zwei Jahre Zeit. Mittlerweile reicht ein Dauerzulagenantrag für die gesamte Laufzeit, den Sie nur erneuern müssen, wenn sich Ihre familiäre Situation ändert

Flexibilität

Sie können die Ratenhöhe ändern, den Vertrag beitragsfrei stellen oder zu einem anderen Riester-Angebot wechseln. Bei einem Wechsel in ein anderes Riester-Produkt ist es besser, Ihr Geld nicht mitzunehmen, sondern im alten Vertrag zu lassen. Sonst schreiben Sie Kursverluste fest. Wollen Sie vorzeitig an das Geld heran, müssen Sie die staatliche Förderung zurückzahlen. Es ist daher unter Renditegesichtspunkten nicht ratsam, Geld aus dem Vertrag zu entnehmen.

Kosten

Beim Kauf über eine Bank fällt meist ein Ausgabeaufschlag (eine Kaufgebühr) von 5 Prozent an. Manche Direktbanken geben Rabatte auf den Ausgabeaufschlag. Das meistverkaufte Produkt, die „UniProfirente", wird nur von den Volksbanken angeboten und meist nur zum vollen Preis.

Außer dem Ausgabeaufschlag zahlen Sie eine Vertragsgebühr von 10 bis 15 Euro im Jahr, egal wo Sie abschließen.

Besteuerung

Für Riester-Verträge gibt es in der Ansparphase Zulagen und Steuerersparnisse. Im Alter müssen Sie die Auszahlungen mit Ihrem persönlichen Steuersatz versteuern.

Produktempfehlungen

Derzeit bieten deutschlandweit nur fünf Anbieter insgesamt sieben Riester-Fondssparpläne an. Im letzten Test boten die „UniProfirente" und die „DWS Toprente Dynamik" die höchsten Renditechancen.

Die „UniProfirente" bekommen Sie nur bei Volksbanken. Die „DWS Toprente Dynamik" ist ein Produkt der Deutschen Bank. Hier sollten Sie besser über das Internet kaufen. Unter www.dws-direkt.de bekommen Sie sie zum Beispiel mit einem Rabatt von 50 Prozent auf den Ausgabeaufschlag. In einer Filiale der Deutschen Bank müssten Sie den gesamten Aufschlag zahlen. Außerdem gab es Fälle, in denen Kunden, die die „DWS Toprente Dynamik" wollten, mit der „FörderRente Invest DWS Premium" der Zurich Versicherung, einer Fondspolice, nach Hause gingen, weil man ihnen in einer Filiale der Deutschen Bank dazu geraten hatte.

Wer nicht ganz so bequem ist, kann unter www.test.de, Suchwort „Riester-Fondssparpläne" prüfen, ob es aktuellere Tests mit anderen Ergebnissen gibt.

DIE SCHRITTE ZUM KAUF

1 Die „UniProfirente" bekommen Sie bei Ihrer Volksbank vor Ort. Dort können Sie beim Vertragsabschluss auch gleich den Dauerzulagenantrag ausfüllen, um sicherzustellen, dass Sie die staatliche Förderung erhalten.

2 Die „DWS Toprente Dynamik" können Sie bequem über das Internet abschließen, zum Beispiel über www.dws-direkt.de (Button „Altersvorsorge"). Achten Sie darauf, dass im Antrag nicht „DWS Toprente Balance", sondern „DWS Toprente Dynamik" angekreuzt ist. Füllen Sie die Unterlagen inklusive Dauerzulagenantrag aus und drucken Sie sie zusammen mit dem Postident-Coupon aus.

3 Damit gehen Sie in eine Filiale der Deutschen Post und legitimieren sich über das Postident-Verfahren (siehe Seite 15).

4 Nach einigen Tagen bekommen Sie die Zugangsdaten. Sie können dann Fondsanteile kaufen und die Wertentwicklung Ihrer Fondsanteile täglich online verfolgen.

RIESTER-RENTEN-VERSICHERUNG

Die meisten Menschen denken bei „Riester-Vertrag" an eine Rentenversicherung. Sie lohnt sich aber nur für Sparer, die noch viel Zeit bis zur Rente haben und bis zum Ende durchhalten.

Es gibt auch private Rentenversicherungen mit Riester-Etikett. Mit bisher mehr als 6,3 Millionen Verträgen sind sie das meistverkaufte Riester-Produkt. Ein Grund für ihre Beliebtheit ist, dass schon bei Vertragsabschluss eine Mindestrente genannt wird. Wenn Sie eine Riester-Rentenversicherung abschließen möchten, sollten Sie aber gut aufpassen, dass auch drin ist, was draufsteht. Stellen Sie sicher, dass Sie nicht statt einer klassischen Rentenversicherung mit Garantiezins aus Versehen eine fondsgebundene Riester-Police abschließen, die wenig aufgeklärten Kunden gerne untergejubelt wird.

KLASSISCH ODER FONDSGEBUNDEN?

Es gibt klassische und fondsgebundene Riester-Rentenversicherungen. „Klassisch" bedeutet, die Kunden bekommen eine garantierte Zinszusage von 2,25 Prozent (Neuverträge ab 2012: 1,75 Prozent) auf den Teil ihres Beitrags, der nach Abzug der Kosten übrig bleibt. Bei Riester-Fondspolicen fehlt die Sicherheit des Garantiezinses, die ungünstigen Kosten für das Versicherungskorsett fallen aber dennoch an. Sie sind daher in den meisten Fällen keine gute Geldanlage.

Ob bei einer klassischen Rentenversicherung am Ende eine gute Rente herauskommt, hängt vor allem davon ab, wie teuer der Vertrag insgesamt ist. Den Garantiezins gibt es nur auf das, was nach Abzug der Kosten übrig bleibt. Um herauszufinden, wie viel das ist, sollten Sie einen Blick auf die garantierte Anfangsrente werfen, bevor Sie sich für ein Angebot entscheiden. Als Faustregel gilt: Je höher sie bei gleicher Laufzeit und Einzahlung ist, umso geringer sind die Kosten, die der Versicherer für sich abzweigt.

Gerade weil eine Riester-Rentenversicherung viel kostet, eignet sie sich nur für Leute, die einen langen Atem und langfristig ein sicheres Einkommen haben. Wer vorher aussteigt oder nicht mehr weiterzahlt, hat im Verhältnis eine zu hohe Kostenbelastung gehabt. Halten Sie den Vertrag bis zum Ende durch, kann bei einem guten Anbieter dagegen am Ende eine attraktive Rente herauskommen.

Seit 2006 gilt für die Riester- wie für die gesetzliche Rente übrigens: gleiche Rente für gleiche Beträge, egal ob Mann oder Frau. Nur Rentenversicherungen, die vorher abgeschlossen wurden, stellen Frauen nach wie vor schlechter als Männer. Wegen ihrer höheren Lebenserwartung bekommen sie bei diesen Verträgen noch eine geringere Monatsrente.

Auch nicht ganz unwichtig ist die Frage, ob eine Rentenversicherung im Todesfall verfällt. Während der Ansparphase sorgt eine sogenannte Beitragsrückgewähr dafür, dass das Geld an Ihre Erben fließt. In der Auszahlphase können Sie verhindern, dass das Geld im Todesfall verfällt, indem Sie eine Rentengarantiezeit vereinbaren. Bis zu deren Ende bekommen Ihre Angehörigen die Rente dann weiter ausgezahlt. In dem Fall müssen sie allerdings die staatlichen Zulagen zurückzahlen – ausgenommen sind nur Ehepartner. Die Rentengarantie hat einen Haken: Sie sorgt dafür, dass Ihre Rente kleiner ausfällt. Noch weniger wird es, wenn Sie zusätzlich einen Teil des Beitrags in einen Berufsunfähigkeitsschutz stecken, der teils mit angeboten wird. Außerdem dürfte der dann einigermaßen schmal ausfallen. Lassen Sie die Rente lieber Rente sein, und sichern Sie sich stattdessen besser separat gegen Berufsunfähigkeit ab (siehe Seite 10).

Renditechancen

Wie rentabel eine Riester-Rentenversicherung ist, hängt von verschiedenen Faktoren ab. Nämlich davon, wie hoch der Garantiezins ist, welche Überschüsse obendrauf kommen, wie viel Zuschüsse der Staat in Ihren Vertrag buttert (siehe Seite 43) und welche Kosten schließlich von Ihrer Rendite abgehen. Der Garantiezins liegt seit 2007 einheitlich bei 2,25 Prozent.

Für Neuverträge ab 2012 reduziert er sich auf 1,75 Prozent. Er ist aber nicht der alleinige Maßstab dafür, ob ein Tarif etwas taugt oder nicht. Auch der Anlageerfolg ist wichtig. Denn ein Versicherer, der die Beiträge erfolgreich investiert und hohe Überschüsse erwirtschaftet, kann seinen Kunden am Ende mehr Rente zahlen.

Sicherheit

Mit einer Riester-Rentenversicherung gehen Sie auf Nummer Sicher. Geld verlieren können Sie nur, wenn Sie früh wieder aussteigen. Denn in den ersten fünf Jahren zahlen Sie vor allem Abschlusskosten statt Gewinn zu machen. Außerdem müssten Sie die staatliche Förderung zurückzahlen, wenn Sie Geld aus dem Vertrag entnehmen. Geht Ihnen das Geld aus, ist es daher die bessere Lösung, den Vertrag beitragsfrei zu stellen.

Faulheitsfaktor

Weil sie selbst gut daran verdienen, haben die meisten Banken und Versicherer Riester-Rentenversicherungen im Angebot. Es ist daher fast überall möglich, einen Vertrag abzuschließen. Während der Laufzeit müssen Sie nicht viel mehr machen als durchzuhalten. Nur die staatlichen Zulagen gibt es nicht automatisch: Sie müssen per Zulagenantrag eingefordert werden. Bis der Anspruch verfällt, haben Sie zwei Jahre Zeit. Mittlerweile reicht ein Dauerzulagenantrag für die gesamte Laufzeit, den Sie nur erneuern müssen, wenn sich Ihre familiäre Situation ändert.

INFO Unzufrieden? Wechseln Sie!

Schon einen Riester-Vertrag abgeschlossen? Unzufrieden? Das falsche
Produkt? Dann können Sie ihn jederzeit
ruhen lassen oder kündigen: mit einer
Frist von drei Monaten zum Ende eines
Kalendervierteljahres. Allerdings ist das
oft teuer und nicht sinnvoll. Der beste
Weg ist es in der Regel, den alten Vertrag beitragsfrei zu stellen, das Geld liegen zu lassen und woanders einen
neuen abzuschließen. Der Anbieter ist
nämlich verpflichtet, Ihnen zum Rentenbeginn mindestens die bisher eingezahlten Beiträge inklusive Zulagen
auszuzahlen. Kosten oder Kursverluste
dürfen diesen Betrag nicht reduzieren.
Vor einem Wechsel sollten Sie sich
allerdings ein paar Fragen stellen:

■ **Wie hoch ist der Garantiezins?**
Das hängt davon ab, wann Sie den Vertrag abgeschlossen haben: Auf klassische Riester-Rentenversicherungen,
die bis Ende 2003 geschlossen wurden,
gab es noch einen vergleichsweise
hohen Garantiezins von 3,25 Prozent.
Von 2004 bis 2006 waren es nur noch
2,75 Prozent, seit 2007 liegt der Zins
bei 2,25 Prozent, ab 2012 beträgt er
1,75 Prozent. Es macht in der Regel
wenig Sinn, auf einen Vertrag umzu-
steigen, bei dem die Garantieverzin-
sung geringer ist.

■ **Wie viel Kosten sind schon bezahlt?**
Haben Sie Ihren Vertrag beispielsweise
vor einem Jahr geschlossen und sehen
in Ihrer Standmitteilung hohe Kosten,
sollten Sie über einen Wechsel nachdenken. Denn die werden auch in den
nächsten vier Jahren fällig. Zahlen Sie
dagegen schon sechs Jahre ein, haben
Sie die Abschlusskosten bereits bezahlt. In neueren Verträgen werden sie
über fünf Jahre verteilt, bis 2004 waren
es zehn Jahre. Bei Abschluss eines
neuen Vertrags fallen erneut Abschlusskosten an.

■ **Bringt der neue Vertrag wirklich
mehr als der alte?** Fragen Sie Ihren bisherigen Versicherer nach Ihrer garantierten Rente bei Beitragsfreistellung
des bestehenden Vertrags und den
neuen Anbieter nach der garantierten
Rente für den neuen. Sind beide Renten zusammen höher als die Garantierente des alten Vertrags, falls Sie diesen weiterführen, kann sich ein Wechsel lohnen.

■ **Was kostet ein Umstieg?** In der
Regel müssen Sie nichts zahlen, wenn
Sie einen Vertrag beitragsfrei stellen.
Einzelne Versicherer verlangen dafür je-
doch zwischen 50 und 125 Euro.

Kosten

Die Kosten einer Riester-Rentenversicherung sind schwer nachzuvollziehen – selbst für Experten. Für Kunden ist es oft unmöglich. Ideal wäre es, würden die Versicherer die Gesamtkosten angeben, aus denen sich ablesen ließe, wie viel von allen Einzahlungen bis zum Vertragsende für Kosten draufgehen. Aus gutem Grund tun das allerdings die wenigsten. Weil Versicherungen die teuersten aller Riester-Produkte sind, ist das für die Kunden besonders ärgerlich.

Viele Gesellschaften verrechnen den überwiegenden Teil der Abschlusskosten in den ersten Vertragsjahren. Dazu zählen die Provisionen für Vermittler, Kosten für das Prüfen des Antrags und das Ausfertigen der Versicherungspolice. Mehr als 4 Prozent der Beitragssumme können die Unternehmen dafür abziehen. Sie müssen die Gesamtkosten lediglich über die ersten fünf Jahre verteilen, bei vor 2005 geschlossenen Verträgen über die ersten zehn. Dazu kommen Verwaltungskosten, die ständig anfallen.

Die Folge ist, dass Verträge in den ersten Jahren kaum Gewinn machen. Viele sind über Jahre hinweg weit im Minus: fondsgebundene und klassische Rentenversicherungen gleichermaßen. Das liegt daran, dass immer nur der Teil des Geldes Erträge bringt, der nicht für die Kosten draufgeht.

Halten Sie Ihren Vertrag durch, sind die mageren Anfangsjahre aber irgendwann vergessen.

Um nicht in die Kostenfalle zu tappen, sollten Sie darauf achten, dass Sie der Anbieter vor Vertragsabschluss über alle Kosten informiert. Dazu gehören Abschlussgebühren, laufende Verwaltungskosten und die eines Vertragswechsels. Einmal im Jahr folgt dann eine Standmitteilung über das gesparte Kapital und die erwirtschafteten Erträge. So sehen Sie, ob sich Ihre Altersvorsorge gut entwickelt.

Indem Sie sich an unseren Testurteilen orientieren, können Sie den Versicherern ein Schnippchen schlagen. Teure Verträge sind leicht zu erkennen: Je besser das Urteil über die Rentenzusage, umso geringer sind die Kosten.

Tipp: Wer die finanziellen Möglichkeiten dazu hat, kann sich einen Teil der Kosten sparen, indem er seinen Beitrag möglichst jährlich im Voraus statt monatlich oder einmal im Vierteljahr zahlt. Sonst zahlen Sie Ratenzahlungszuschläge oder verzichten auf Zinsen, was jeweils Ihre Rendite senkt.

Flexibilität

Die hohen Abschlusskosten machen eine Riester-Rentenversicherung unflexibler als beispielsweise einen Riester-Banksparplan. Wechseln Sie den Vertrag nach ein paar Jahren, verlieren Sie wegen der hohen Abschlusskosten Rendite. Deshalb lohnt eine Riester-Rentenversicherung nur, wenn Sie sie durchhalten. Wollen Sie vorzeitig an das Geld heran, müssen Sie außerdem die staatliche Förderung zurückzahlen.

Besteuerung

Für Riester-Verträge gibt es in der Anspar-phase Zulagen und Steuerersparnisse. Dafür müssen Sie die Auszahlung im Alter mit Ihrem persönlichen Steuersatz ver-steuern.

Produktempfehlungen

Als Riester-Rentenversicherung lohnt sich nur die klassische Form. Bei den Fondspo-licen im Riester-Gewand (siehe Seite 146) fehlt die Sicherheit des Garantiezinses: Die Versicherungskosten fallen aber den-noch an. Wollen Sie auf Fonds setzen, ist ein Riester-Fondssparplan wesentlich besser geeignet (siehe Seite 108). Weil es sehr große Unterschiede bei den Renten-versicherungen gibt und die Höhe Ihrer Rente vor allem von der Qualität des An-bieters abhängt, sollten Sie sich genug Zeit für die Auswahl nehmen und sich nur für ein sehr gut oder gut getestetes Ange-bot entscheiden. Die neuesten Ergebnisse finden Sie unter www.test.de, Suchwort „Riester-Rentenversicherungen".

DIE SCHRITTE ZUM KAUF

1 Wollen Sie Ihrer Hausbank oder Ihrem Versicherungsvertreter die Treue halten, lassen Sie sich dort ein An-gebot für eine Riester-Rentenversiche-rung machen. Vergleichen Sie es an-schließend mit den Testergebnissen auf www.test.de. Rangiert es auf den hinte-ren Plätzen, ist es besser, wenn Sie sich stattdessen ein sehr gut oder gut getes-tetes Angebot aussuchen.

2 Ist Ihr Favorit das Produkt einer Versicherung mit Filialnetz, ist es am einfachsten, in der Zentrale anzuru-fen und mit einem Vertreter der Versi-cherung einen Termin zu vereinbaren. Falls der Vertreter Ihnen eine fondsge-bundene Riester-Versicherung statt der klassischen empfiehlt, sollten Sie sich hartleibig zeigen und sich nicht von Ih-rem Plan abbringen lassen. Achten Sie auch darauf, dass Sie zusammen mit dem Vertreter den Dauerzulagenantrag ausfüllen.

3 Entscheiden Sie sich für einen Direktversicherer, können Sie die Unterlagen auf dessen Homepage im Internet ausfüllen und ausdrucken. Bei vielen Direktversicherern können Sie sie auch telefonisch anfordern. Mit den aus-gefüllten Unterlagen (Dauerzulagenan-trag nicht vergessen) gehen Sie in eine Postfiliale und legitimieren sich dort über das Postident-Verfahren (siehe Seite 15).

4 Nach einigen Tagen bekommen Sie vom Versicherer die Nachricht, auf welches Konto Sie die Raten für Ih-ren Vertrag überweisen.

BETRIEBSRENTE

Eine Betriebsrente ist eine gute Möglichkeit, fürs Alter vorzusorgen, denn die Beiträge sind steuer- und sozialabgabenfrei. Sie lohnt sich vor allem, wenn Sie einen sicheren Job haben.

Formen betrieblicher Altersvorsorge gibt es in Deutschland seit gut 150 Jahren – und damit sogar länger als die gesetzliche Rentenversicherung. Der Volksmund nennt sie oft schlicht Betriebsrente. Davon spricht man, wenn ein Arbeitgeber seinen Angestellten eine Zusatzversorgung fürs Alter anbietet. In der Regel hat er dafür drei Varianten zur Auswahl:

■ Entweder übernimmt er die Beiträge komplett selbst.

■ Oder er überlässt es den Mitarbeitern, vorzusorgen. Die können dann auf einen Teil ihres Bruttogehalts verzichten und bekommen dafür die Zusage, im Alter daraus eine Betriebsrente zu erhalten. Auf dieses Modell haben Arbeitnehmer einen gesetzlichen Anspruch.

■ Oft finanzieren Arbeitgeber und Beschäftigte die betriebliche Altersvorsorge aber auch gemeinsam.

Ein „Recht auf Entgeltumwandlung" gibt es seit dem Jahr 2002. Seither müssen Firmen ihren Angestellten eine Betriebsrente anbieten, wenn diese eine wünschen. Und das scheinen nicht wenige zu sein: Derzeit sorgen rund zwölf Millionen Arbeitnehmer auf diese Weise vor und sichern sich ein kleines Zusatzeinkommen für später. Daran lohnen sich im guten Fall zwei Dinge:

Zum einen bleiben Beiträge bis zu einer Obergrenze steuer- und sozialabgabenfrei, pro Jahr sind das aktuell 2 640 Euro (Stand: 2011). Weitere 1 800 Euro sind steuerfrei, aber sozialabgabenpflichtig. Zum anderen zahlen viele Arbeitgeber mit ein. Nur ein Drittel der Arbeitnehmer spart die Betriebsrente komplett aus dem eigenem Gehalt an. Doch selbst dann kann sich diese Vorsorge noch lohnen. Denn jeder Euro, der vom Bruttogehalt abgeht, bringt mehr als die gleiche Einzahlung in eine private Rentenversicherung (siehe Seite 145) aus dem Netto.

Im Alter muss die Betriebsrente allerdings voll versteuert werden. Gesetzlich Krankenversicherte zahlen darauf außerdem im Alter Kranken- und Pflegeversicherungsbeiträge.

Die Firma wählt den Anbieter

Welche Art von Betriebsrente die Firma anbietet und über welchen Anbieter, darf der Arbeitgeber bestimmen.

Möglich sind fünf Formen: Direktzusage, Unterstützungskasse, Pensionskasse, Direktversicherung und Pensionsfonds (siehe Kasten rechts).

INFO Fünf Formen betrieblicher Altersvorsorge

■ **Direktzusage.** Dabei sagt der Arbeitgeber den Mitarbeitern eine direkte Versorgung zu. Um dieses Versprechen später einlösen zu können, bildet er Pensionsrückstellungen, mit denen er seine Steuerschuld aufschieben kann. Stimmt die Firma zu, können Arbeitnehmer hier auch selbst so viel Gehalt investieren, wie sie wollen. Wird die Direktzusage komplett aus der Gehaltsumwandlung finanziert, spricht man auch von einer „arbeitnehmerfinanzierten Pensionszusage".

■ **Unterstützungskasse.** Das ist eine rechtlich selbstständige Versorgungseinrichtung in Form einer Stiftung, einer GmbH oder eines eingetragenen Vereins. Sie wird meist von einem oder mehreren Arbeitgebern getragen.

■ **Pensionskasse.** Dahinter stehen Versicherungsunternehmen, die sich ausschließlich auf betriebliche Altersvorsorge spezialisiert haben. Sie räumen den Versicherten einen Rechtsanspruch auf ihre Leistung ein und unterliegen der Versicherungsaufsicht. Arbeitgeber, die ihre betriebliche Altersvorsorge über eine Pensionskasse organisieren, zahlen den Beitrag direkt an diese Einrichtung.

■ **Direktversicherung.** Der Arbeitgeber schließt eine Lebensversicherung auf seine Angestellten ab. Bezugsberechtigt sind jeweils die Arbeitnehmer und ihre Hinterbliebenen. Versicherungsnehmer und Beitragszahler ist die Firma. Das Geld fließt direkt an einen externen Versicherer. Die Versicherung muss mindestens bis zum 60. Lebensjahr laufen. Vorher kann sie nicht gekündigt werden. Nur eine Beitragsfreistellung ist möglich. Seit 2005 sind für Neuverträge nur noch Rentenversicherungen in klassischer Form oder als Fondsvariante möglich, keine reinen Lebensversicherungen mit anschließender Einmalzahlung mehr.

■ **Pensionsfonds.** Pensionsfonds können frei wählen, wie sie das Kapital der Arbeitnehmer anlegen, müssen aber mindestens die eingezahlten Beiträge garantieren. Ausgezahlt werden kann die Leistung nur als lebenslange Rente. Pensionsfonds unterliegen wie Pensionskassen und Lebensversicherungsunternehmen der Kontrolle der Bundesanstalt für Finanzdienstleistungsaufsicht (Bafin).

Traditionell am stärksten verbreitet ist die Direktzusage: Sie ist eine interne Lösung wie die Unterstützungskasse. Dabei sagt der Betrieb die Rente direkt oder über ein firmeneigenes Institut zu.

Bei den drei anderen Varianten fließt das Geld an externe Träger. Der Vorteil für Arbeitnehmer: Die Rentenansprüche lassen sich so leichter zu anderen Unternehmen mitnehmen.

Fragen Sie bei Ihrem Arbeitgeber nach, welche Art von Betriebsrente er anbietet und ob und wie viel er beisteuert. Viele Firmen gewähren zumindest den Betrag, den sie selbst an Sozialabgaben dadurch sparen, dass ihr Mitarbeiter per Gehaltsumwandlung sozialabgabenfrei fürs Alter vorsorgt.

Lohnt sich das?

Egal, was Ihnen angeboten wird: Greifen Sie nicht blindlings zu, sondern prüfen Sie das Angebot ganz genau. Achten Sie darauf, ob ein fester Zins garantiert wird, wie hoch der ist und was passiert, falls Sie aus der Firma ausscheiden und den Vertrag privat weiterführen wollen. Wie gut das betriebliche Angebot tatsächlich ist, finden Sie heraus, indem Sie es mit privaten vergleichen. Dazu brauchen die externen Versicherer exakt die gleichen Vorgaben zu Laufzeit, Beitragshöhe, Todesfallleis-

---

INFO **So prüfen Sie das Angebot für eine Betriebsrente**

Kostenfalle vermeiden. Wenn Sie über Ihren Arbeitgeber eigenes Geld in eine Betriebsrente stecken können, sollten Sie sich ein individuelles Angebot vorrechnen lassen. Achten Sie darauf, welche Rente Ihnen für eine bestimmte Laufzeit und Beitragszahlung verbindlich zugesagt wird. Um festzustellen, ob der Anbieter der Betriebsrente kostengünstig ist, sollten Sie bei Lebensversicherern gleichlautende Angebote für eine klassische Rentenversicherung (siehe Seite 145) einholen. Fordern Sie dabei möglichst auch solche von Direktversicherern an, weil diese meist kostengünstig arbeiten.

Wertentwicklung prüfen. Riskieren Sie keinen Verlust! Lassen Sie sich ausrechnen, wie hoch Ihr Sparguthaben nach zwei, drei oder fünf Jahren ist. Daraus können Sie ablesen, ob der Anbieter Ihnen Abschlusskosten in Rechnung stellt, die er von den ersten Beiträgen kassiert oder ob er diese Kosten über die Laufzeit verteilt. Hohe Anfangskosten sind eine Fessel. Denn beim Wechsel des Arbeitgebers ist dann nicht viel im Topf, was Sie mitnehmen können. Zahlen Sie zum Beispiel wegen Arbeitslosigkeit nicht weiter ein, haben Sie anfangs überdurchschnittlich viel für Kosten verloren.

tungen und Zusatzversicherungen. Stellt sich heraus, dass die garantierte Betriebsrente viel niedriger wäre, müsste Ihr Arbeitgeber zum Ausgleich kräftig mitbezahlen, damit sie sich dennoch lohnt.

Bleibt die Frage, für wen sich eine betriebliche Altersvorsorge rechnet?!

Erste Wahl ist sie für privat krankenversicherte Arbeitnehmer, weil sie anders als gesetzlich Versicherte im Alter keine Sozialabgaben auf diese Rente zahlen. Für gesetzlich krankenversicherte Durchschnittsverdiener ist sie ähnlich attraktiv wie eine Riester-Rente (siehe Seite 42), wobei Letztere deutlich flexibler ist.

Was passiert beim Jobwechsel?

In puncto Flexibilität holt die Betriebsrente inzwischen auf, weil Arbeitnehmer seit 2005 grundsätzlich das Recht haben, sie zum nächsten Arbeitgeber mitzunehmen. Der muss das mitgebrachte Kapital in sein eigenes Versorgungssystem integrieren, wenn der Arbeitnehmer das möchte. Für Verträge, die vorher geschlossen wurden, gilt das nicht – genauso wenig wie für Betriebsrenten aus Unterstützungskassen und Direktzusagen.

Ob Sie Ihre Betriebsrente dann tatsächlich mitnehmen können, wenn Sie die Firma wechseln, hängt also immer von der Vertragsart und dem Zeitpunkt seines Beginns ab. Nach einem Jobwechsel sollten Sie sich auch bei neueren Verträgen nicht allzu viel Zeit lassen, denn die Frist, in der Sie das Geld bei der alten Firma abholen und bei der neuen einzahlen können, läuft nach einem Jahr ab.

Wie sicher ist sie?

Wichtig ist: Alles, was Sie an eigenen Beiträgen in eine Betriebsrente stecken, ist vom ersten Tag an „unverfallbar". Das kann Ihnen niemand mehr nehmen – auch nicht, falls Sie Hartz-IV-Leistungen beziehen sollten. Denn wie eine Riester-Rente ist eine Betriebsrente im Gegensatz zu den meisten anderen Geldanlagen „Hartz-IV-sicher".

Schlechter sieht es bei arbeitgeberfinanzierten Varianten aus. Geht das Unternehmen in die Insolvenz, können Arbeitnehmer komplett um ihre Betriebsrente gebracht werden, wenn ihr Anspruch noch nicht unverfallbar war. Unverfallbar ist er inzwischen, sobald ein Arbeitnehmer 25 Jahre alt ist und seit mindestens fünf Jahren für ihn eingezahlt wurde.

Für unverfallbare Renten springt bei Direktzusagen, Unterstützungskassen und Pensionsfonds der sogenannte Pensions-Sicherungs-Verein ein und zahlt die Rente später in Vertretung des Unternehmens aus. Für Betriebsrenten aus Pensionskassen oder Direktversicherungen gilt das nicht. Aber hier kontrolliert die Bundesanstalt für Finanzdienstleistungsaufsicht (Bafin) regelmäßig die finanzielle Stabilität der Anbieter.

BANKAUSZAHLPLAN

Ein Bankauszahlplan ist bequem und sicher: Sie legen einmalig Geld zu einem festen Zins für eine bestimmte Laufzeit an. Daraus überweist Ihnen die Bank feste Raten, bis alles weg ist.

Großeltern oder Eltern wollen Ihren Enkeln oder Kindern vielleicht mit regelmäßigen Finanzspritzen während des Studiums unter die Arme greifen. Andere möchten selbst von ihrem Vermögen leben – etwa in der Altersteilzeit einen finanziellen Engpass bis zum Rentenbeginn überbrücken.

Für derlei Zwecke ist ein Bankauszahlplan bequem. Er funktioniert grundsätzlich so, dass Sie als Anleger eine größere Summe einzahlen und mit Ihrer Bank eine regelmäßige Auszahlrate plus feste Verzinsung vereinbaren. Je nach Bedarf können Sie sich monatlich, vierteljährlich oder jährlich genau den Betrag auszahlen lassen, den Sie brauchen.

Weil Laufzeit und Zinssatz von Anfang an feststehen, ist diese Form der Geldanlage besonders sicher. Leider aber auch wenig flexibel. Einmal abgeschlossen, können Sie die Laufzeit nämlich meist nicht mehr ändern.

Mit oder ohne Kapitalverzehr

Auszahlpläne werden in zwei Varianten angeboten: mit und ohne Kapitalverzehr. Stecken Sie beispielsweise 50 000 Euro in einen Plan mit Kapitalverzehr, brauchen Sie Ihr Geld samt Zinsen während der Laufzeit komplett auf – verzehren es also

quasi. Je mehr Sie sich auszahlen lassen, desto schneller ist es weg. Bei einem Plan ohne Kapitalverzehr bleibt die Summe, die Sie einzahlen, in voller Höhe erhalten. Ausgezahlt werden nur die Zinsen. Weil die derzeit am Boden sind, ist es einigermaßen utopisch, daraus einen ordentlichen Betrag ausgezahlt zu bekommen. In der Regel kommt daher nur ein Bankauszahlplan mit Kapitalverzehr infrage.

Beispiel: Wie viel müssten Großeltern investieren, damit sich das Enkelkind im Studium keine Sorgen um Miete oder Lebensunterhalt machen muss?

Einmal angenommen, Sie stecken 30 000 Euro in einen Auszahlplan mit Kapitalverzehr. Der Plan läuft fünf Jahre, an Zinsen gäbe es 4,75 Prozent. Dann könnte sich das Enkelchen über eine regelmäßige monatliche Auszahlung von rund 560 Euro freuen. Läge der Zins nur bei 2,6 Prozent, wie das noch vor Kurzem der Fall war, wäre die Freude angesichts von nur 532 Euro etwas kleiner.

Renditechancen

Derzeit bekommen Sie auf Beträge ab 10 000 Euro, die Sie in einen Bankauszahlplan mit einer Laufzeit von fünf Jahren stecken, im Bestfall um die 4 Prozent Zinsen. Für längere Laufzeiten gibt es nur unwesentlich mehr, weshalb sich eine lange Bindung nicht lohnt, solange Sie nicht viel mehr als 4 Prozent Zinsen bekommen.

Sicherheit

Da Laufzeit und Zinsen schon bei Vertragsschluss feststehen, ist diese Form der Geldanlage ausgesprochen sicher. Besonders, wenn Sie eine Summe über 100 000 Euro anlegen möchten, sollten Sie allerdings die Einlagensicherung der Bank beachten (siehe Tabelle Seite 154). Sie sollten auch im Auge behalten, dass Auszahlpläne während der vereinbarten Laufzeit nicht kündbar sind. Bedeutet: Sie kommen auch im Notfall nicht an Ihr Geld heran. Wer sein ganzes Erspartes für ein regelmäßiges Zusatzeinkommen im Alter in einen Auszahlplan mit Kapitalverzehr investiert, läuft Gefahr, dass es irgendwann „ausgeht".

Faulheitsfaktor

Bankauszahlpläne sind bequem: Einmal abgeschlossen, müssen Sie sich bis zum Ende der Laufzeit um nichts kümmern.

Flexibilität

Das größte Manko eines Bankauszahlplans ist die fehlende Flexibilität. Während der Laufzeit zwischen vier und zehn, manchmal auch 30 Jahren kommen Sie üblicherweise nicht an Ihr Geld heran, da die Pläne unkündbar sind. Aus diesem Grund sollten Sie nicht Ihr ganzes Vermögen dort binden.

Kosten

Offiziell stellt die Bank bei Abschluss eines solchen Plans keine Kosten in Rechnung. Sie lebt davon, aus dem eingezahlten Kapital einen besseren Zins zu erwirtschaften als sie verpflichtet ist, auszuzahlen.

Besteuerung

Auf die Zinsen fallen auch hier 25 Prozent Abgeltungsteuer plus Solidaritätszuschlag und gegebenenfalls Kirchensteuer an, sobald Sie über Ihren jährlichen Sparerpauschbetrag von 801 Euro bei Alleinstehenden und 1 602 Euro bei Ehepaaren kommen. Besonders zu Beginn sind die Zinserträge bei einem Bankauszahlplan häufig so hoch, dass diese Pauschbeträge überschritten werden. Bitten Sie die Bank am besten um eine Musterrechnung, aus der hervorgeht, wie hoch die Zinsen sind, die Sie jährlich bekommen, und vergessen Sie nicht, einen Freistellungsauftrag zu stellen (siehe Seite 130).

Falls Sie einem Kind oder Enkel mit einem Bankauszahlplan finanziell unter die Arme greifen möchten, ist es eine Überlegung wert, den Auszahlplan direkt auf dessen Namen abzuschließen. Denn Kinder haben einen eigenen Sparerpauschbetrag oder können eventuell eine Nichtveranlagungsbescheinigung beantragen. Überschreiten die Einkünfte des Kindes bestimmte Grenzen, können allerdings die Mitversicherung in der gesetzlichen Krankenkasse oder die Kindergeldzahlungen gefährdet sein. Mehr dazu siehe Seite 131.

Produktempfehlungen

Die Auswahl an Bankauszahlplänen ist nach wie vor mager. Die Anbieter nennen sie auch nicht unbedingt „Bankauszahlplan", sondern verkaufen sie unter unterschiedlichen Namen. Gute Angebote machten in unserem letzten Test vom Oktober 2010 die Hanseatic Bank mit ihrem „Renten-Sparbrief" (www.hanseaticbank. de, Tel. 0 40/64 60 31 60), die Aachener Bausparkasse mit Ihrem „Kapital-Auszahlplan" (www.aachener-bausparkasse.de, Tel. 02 41/47 49 26 80) und die Debeka mit ihrem „Entnahmedepot" (www.debe ka.de, Tel. 02 61/9 43 48 76).

Anders als Fonds oder Tagesgeldkonten testen wir Bankauszahlpläne nicht regelmäßig. Unter www.test.de, Suchwort „Bankauszahlpläne" können Sie prüfen, ob es neuere Ergebnisse gibt.

DIE SCHRITTE ZUM KAUF

1 Wollen Sie Ihrer Hausbank die Treue halten und dort einen Bankauszahlplan abschließen, könnte die Suche schnell ein Ende haben. Denn bundesweit gibt es sehr wenige Angebote. Am besten, Sie holen von Banken in Ihrer Nähe Informationen ein und vergleichen sie mit den aktuellen Konditionen der gut getesteten Anbieter.

2 Wichtig: Achten Sie beim Angebotsvergleich auf den Betrag, den Sie mindestens einzahlen müssen, und auf die Laufzeit. Solange die Zinsen noch vergleichsweise niedrig sind, sollten Sie sich möglichst nicht länger als fünf bis sechs Jahre binden.

3 Schließen Sie das Produkt Ihrer Wahl entweder vor Ort in einer Filiale oder online ab. Folgen Sie dazu auf der Internetseite der entsprechenden Bank dem Link zu den Eröffnungsunterlagen. Dazu gehören meist der Antrag, der Freistellungsauftrag für die Steuer (siehe Seite 130) und das Postident-Formular. In der Regel können Sie alles online ausfüllen und ausdrucken. Zahlreiche Banken verschicken die Unterlagen auf Wunsch auch per Post.

4 Gehen Sie mit den ausgefüllten Unterlagen in eine Postfiliale und legitimieren Sie sich über das Postident-Verfahren (siehe Seite 15).

5 Nach wenigen Tagen bekommen Sie die Bestätigung für Ihren Bankauszahlplan sowie die Zugangsdaten per Post, um Ihr Onlinekonto zu aktivieren. Dann können Sie den vereinbarten Betrag darauf überweisen und die Auszahlung beginnt.

SOFORTRENTE

Hier ist eines sicher: Eine lebenslange Rente! Eine Sofortrente kann helfen, wenn auf Dauer Einkommen fehlt und die Fixkosten nicht aus anderen Einkünften gedeckt werden können.

Alle, die kurz vor oder zu Beginn ihrer Rente eine größere Summe zur Verfügung haben und sie nicht gleich ausgeben, können ihr Geld in eine Sofortrente investieren – auch „Rente gegen Einmalbeitrag" genannt. Dafür sprechen zwei Gründe: Entweder brauchen Sie dauerhaft ein zusätzliches Einkommen ohne Wenn und Aber. Oder Sie sind extrem faul und möchten etwas von Ihrem Ersparten haben, sich aber nie mehr darum kümmern.

Rente gegen Einmalbetrag

Im Grunde funktioniert eine Sofortrente wie eine normale private Rentenversicherung – nur sparen Sie nicht mit regelmäßigen Raten lange Zeit dafür, sondern zahlen einen größeren Betrag ein. Der andere Unterschied ist, dass Sie bereits kurz nach der Einzahlung eine monatliche Rente ausgezahlt bekommen. Die besteht aus einem garantierten Teil und einem unsicheren Teil aus Überschüssen. Der Versicherer erzielt die Überschüsse, indem er das Geld erfolgreich am Kapitalmarkt anlegt, Kosten einspart oder durch sogenannte Risikogewinne. Die entstehen, wenn Versicherte im Durchschnitt früher sterben als kalkuliert und dadurch weniger Renten ausgezahlt werden müssen.

Das so eingesparte Geld dürfen die Versicherer nicht für sich behalten, sondern müssen es zu mindestens 75 Prozent an ihre Kunden weiterreichen. Bei Kostenüberschüssen sind 50 Prozent gesetzlich vorgeschrieben, bei Zinsüberschüssen mindestens 90 Prozent. Je besser der Versicherer wirtschaftet, desto schneller haben Sie Ihr Geld also wieder heraus, weil Ihre monatliche Rente steigt. Allerdings sollten Sie sich bei Vertragsabschluss nur auf das verlassen, was Sie garantiert bekommen, und nicht darauf, welche Überschüsse theoretisch machbar sind. Also auf die garantierte Anfangsrente – auch Rentenzusage genannt.

Die Rente ist sicher!

Der Vorteil einer Sofortrente ist: Sie müssen keine Angst haben, dass irgendwann im Alter all Ihre Ersparnisse aufgebraucht sind und Ihnen das Geld ausgeht. Der Versicherer muss selbst dann noch zahlen, wenn Sie schon Ihren 90. oder gar 100. Geburtstag feiern. Abschließen können Sie sie sowohl zu Beginn Ihres Ruhestandes als auch einige Jahre früher oder später. Je nach Starttermin fallen die Auszahlungen entsprechend höher oder niedriger aus. Wer jetzt den Kopf schüttelt und

meint, ein hohes Alter aus gesundheit-
lichen Gründen niemals erreichen zu können, sollte eher die Finger von einer Sofortrente lassen. Sterben Sie früh, macht
nämlich nur der Versicherer ein gutes
Geschäft. Nach unseren Berechnungen
müssen Versicherte selbst bei den besten
Angeboten mindestens 21 Jahre lang
Rente beziehen, um das eingezahlte Kapital garantiert wieder vollständig heraus-
zubekommen. Bei Frauen dauert es derzeit sogar 22 Jahre: Weil ihre Lebenserwartung statistisch betrachtet rund vier
Jahre höher ist.

Das dürfen Versicherer aber spätestens
ab dem 21. Dezember 2012 nicht mehr
berücksichtigen. Der Europäische Ge-
richtshof hat entschieden, dass sie Männer und Frauen dann gleich behandeln
müssen. Vermutlich werden sich dadurch
die Tarife für Männer verschlechtern. Verschlechtern werden sich die Konditionen
für alle auch deshalb, weil der Zins, den
die Versicherer garantiert zahlen, von jetzt
2,25 Prozent ab Anfang 2012 auf 1,75
Prozent sinkt. Dann wird es noch länger
dauern, bis eine Sofortrente garantiert im
Plus ist.

Wichtig ist, dass Sie immer eine volldynamische Beitragsauszahlung wählen.
Bei dieser Variante ist die Rente zunächst
niedrig und kann sich durch Überschüsse
im Laufe der Jahre erhöhen. Außerdem
haben Sie so die Gewissheit, dass die monatlichen Leistungen nicht gekürzt werden (siehe Kasten).

Zudem sollten Sie nicht Ihr ganzes Vermögen in den Vertrag stecken, sondern
lediglich den Teil, der Ihnen fehlt, um Ihren monatlichen Grundbedarf zu decken.

INFO **Warum volldynamisch?**

So mancher fragt sich, warum er bei
seiner Sofortrente die volldynamische
Auszahlungsform wählen sollte. Gibt es
bei Varianten wie der „variablen" oder
„flexiblen" Überschussrente doch
gleich von Beginn an mehr Geld. Die
höhere Anfangsrente kommt daher,
dass der Versicherer gleich zu Beginn
Überschüsse verteilt, die er für die Zukunft annimmt. Fallen die später geringer aus als erwartet, kann der Versicherer die Rente kürzen. Das passiert vor
allem, wenn es am Kapitalmarkt
schlechter läuft als gedacht. Deshalb
raten wir generell von solchen Varianten ab. Denn das Risiko, jeden Monat
weniger zu bekommen, können die
wenigsten verkraften. Erwarten Sie also
besser bei Rentenbeginn nicht zu viel
und entscheiden Sie sich für eine volldynamische Überschussbeteiligung.
Nur so sind Sie vor späteren Renten-
kürzungen geschützt.

Die Angehörigen mit absichern?

Der Nachteil einer Sofortrente ist, dass sie in der Regel nur Sie selbst absichert. Sterben Sie, gehen Ihre Angehörigen leer aus und das restliche Geld an den Versicherer. Doch es gibt verschiedene Möglichkeiten, die Familie auch für diesen Fall abzusichern:

▪ Eine davon ist die **Rentengarantie**. Sie sorgt dafür, dass die Rente auf jeden Fall bis zum Ende einer vereinbarten Frist ausgezahlt wird. Angenommen, Sie haben zehn Jahre Garantie vereinbart und sterben drei Jahre nach Rentenbeginn. Dann haben Ihre Erben noch sieben Jahre etwas von Ihrem Geld. Diese Zusatzleistung kostet zwar extra, verringert die monatliche Auszahlung aber nicht wesentlich.

▪ Bei der **Beitragsrückgewähr im Todesfall** zahlt das Unternehmen Ihren Angehörigen den Beitrag abzüglich der bereits gezahlten Renten aus, falls Sie sterben.

▪ Viele Anbieter bieten eine dritte Variante – **Auszahlung des noch vorhandenen Kapitals** – und damit die Chance, vorzeitig Geld aus dem Vertrag zu ziehen. Vereinbaren Sie eine solche Todesfallleistung, können Sie sich maximal den Betrag auszahlen lassen, den Ihre Angehörigen zu diesem Zeitpunkt im Falle Ihres Todes erhielten. Allerdings verringert das Ihre Rente.

Solche Todesfallleistungen machen die sonst so starre Sofortrente zwar etwas flexibler, aber weniger rentabel. Wer vornehmlich eine hohe Rente für sich will, sollte besser auf jegliche Zusatzoptionen verzichten.

Eine weitere Möglichkeit, den Lebensgefährten oder Ehepartner abzusichern, ist eine Partnerpolice. Die Zahlungen aus einer solchen gemeinsamen Sofortrente sind zwar geringer als wenn jeder einen Einzelvertrag abschließt. Dafür haben Sie aber die Sicherheit, dass der Überlebende nach dem Tod des anderen die Partnerrente bis zu seinem Lebensende bekommt.

Renditechancen

Die meisten Versicherer stellen bei einer volldynamischen Auszahlung in Aussicht, dass die Rente jährlich um rund 2 Prozent steigt. Das ist ein Vorteil, denn auch die Inflationsrate lag in den letzten Jahren im Schnitt bei etwa 2 Prozent. So besteht die Chance, dass die Inflation ausgeglichen wird und die monatlichen Zahlungen nicht über die Jahre an Wert verlieren. Doch erst wenn Sie irgendwann richtig alt sind, können Sie sich sicher sein: Diese Investition hat sich gelohnt. Bei einer Partnerrente müsste dafür wenigstens einer von beiden deutlich über 90 Jahre alt werden.

Sicherheit

Dafür müssen Sie sich bis zu Ihrem Lebensende keine Gedanken mehr darüber machen, ob Ihr Erspartes reicht oder nicht. Die Sofortrente sichert Ihnen ein regelmäßiges Einkommen, auch wenn Sie so alt werden wie Methusalem. Selbst bei einer eventuellen Pleite Ihres Versicherers ist Ihre Rente sicher. Die Unternehmen werden ständig kontrolliert, und im Notfall springt die Auffanggesellschaft Protektor für die garantierten Leistungen bis zum Vertragsablauf ein.

Faulheitsfaktor

Gerade für Faule ist eine Sofortrente ideal. Einmal abgeschlossen, müssen Sie sich nie mehr um das Geld kümmern und haben Ihre Ruhe.

Flexibilität

Haben Sie das Geld erst einmal in eine Sofortrente investiert, kommen Sie nicht mehr heran: Schwierig, falls Sie unerwartet in eine Notlage geraten und das Ersparte kurzfristig brauchen. Etwas flexibler wird der Vertrag nur, wenn Sie eine Todesfallleistung vereinbaren.

Kosten

Hinter jeder Sofortrente verstecken sich unterschiedlich hohe Kosten. Welchen Teil Ihres Kapitals das Unternehmen überhaupt anlegt und verzinst, hängt davon ab, wie viel es für Vertrieb und Abschluss der Versicherung abknapst. Die meisten Versicherer verrechnen den überwiegenden Teil der Abschlusskosten in den ersten Vertragsjahren. Dazu zählen Provisionen für Vermittler, Kosten für das Prüfen des Antrags und das Ausfertigen der Versicherungspolice. Dafür können sie rund 4 Prozent von der Beitragssumme abziehen.

Besteuerung

Steuerlich gesehen kann sich eine Sofortrente lohnen. Sie müssen nämlich nur auf den Ertragsanteil Steuern zahlen. Wie viel, hängt davon ab, ab wann Sie die Privatrente beziehen. Sind Sie 65 Jahre alt, sind 18 Prozent davon steuerpflichtig: bei 235 Euro Rente zählen also nur 42,30 Euro zum steuerpflichtigen Einkommen. Bei Rentenbeginn mit 61 Jahren sind es 22 Prozent. Die Höhe der Steuer hängt auch von den sonstigen Einkünften ab. Wer wenig Einkommen hat, muss möglicherweise gar nichts ans Finanzamt zahlen.

Produktempfehlungen

Auf den ersten Blick gibt es wenige Unterschiede zwischen den Anbietern. Rechnet man allerdings nach, zahlt der beste im Vergleich zum schlechtesten in etwa eine Rente pro Jahr mehr aus. Das summiert sich über Jahrzehnte auf mehrere Tausend Euro. Blind zugreifen sollten Sie daher nicht und sich stattdessen unter unseren Testergebnissen auf www.test.de, Suchwort „Sofortrente" ein gutes Angebot aussuchen. Die besten Tarife sind kostengünstig, lassen gute Überschüsse erwarten, und die Unterlagen sind verständlich.

Im letzten Test schnitten die Angebote der InterRisk (www.interrisk.de, Tel. 06 11/2 78 70) sowie der Europa (www.europa.de, Tel. 02 21/5 73 72 00) am besten ab. Auch die Debeka (www.debeka.de, Tel. 02 61/4 98 46 64), die WGV (www.wgv.de, Tel. 07 11/16 95 15 00), die Hannoversche Leben (www.hannoversche-leben.de, Tel. 05 11/9 56 57 76) und die Asstel (www.asstel.de, Tel. 02 21/9 67 76 75) kamen insgesamt auf ein „Gut". Bis auf die Debeka handelt es um

Direktversicherer, die ihre Produkte nur telefonisch oder im Internet vertreiben. Die Debeka schickt Vertreter ins Haus.

DIE SCHRITTE ZUM KAUF

1 Egal, wo Sie die Sofortrente abschließen: Wichtig ist, dass Sie einen Tarif mit volldynamischer Auszahlung wählen. Falls Angehörige mit auf diese Rente angewiesen sind, sollten Sie auch eine Rentengarantiezeit von 20 Jahren in Betracht ziehen. Wenn Sie gleichlautende Angebote vergleichen möchten, können Sie sich am besten an der Höhe der anfänglichen Garantierente orientieren.

2 Wollen Sie Ihrer Hausbank oder Ihrem Versicherungsvertreter die Treue halten, lassen Sie sich dort ein Angebot für eine Sofortrente gegen Einmalbetrag machen. Vergleichen Sie es anschließend mit den Testergebnissen auf www.test.de. Rangiert es vorne, schließen Sie es vor Ort ab. Landet es auf den hinteren Plätzen, lohnt es sich, stattdessen ein sehr gutes oder gutes Angebot aus dem Test zu wählen.

3 Einige der gut getesteten Angebote stammen von Direktversicherern. Deshalb sollten Sie zuerst überlegen, ob

Sie auf eine persönliche Beratung Wert legen. Wählen Sie in diesem Fall einen Anbieter, der ein Vertreternetz hat, und vereinbaren Sie telefonisch über die Zentrale der Versicherung einen Termin für einen Vertreterbesuch. Dann können Sie die Sofortrente bei diesem Besuch abschließen.

4 Kommt ein Direktversicherer für Sie infrage, vergleichen Sie mehrere gleichlautende Angebote im Internet oder bitten Sie die Versicherer telefonisch, Ihnen Angebote zu schicken.

5 Haben Sie sich für eines entschieden, füllen Sie die bestellten Antragsunterlagen aus oder folgen Sie auf der Homepage des Anbieters dem Link zu den Antragsunterlagen. Aber Vorsicht: Die Versicherer haben meist mehrere Tarife im Angebot! Achten Sie darauf, dass Sie Ihren Wunschtarif wählen. In der Regel können Sie alles online ausfüllen und ausdrucken.

6 Gehen Sie anschließend mit den ausgefüllten Unterlagen in eine Postfiliale und legitimieren Sie sich über das Postident-Verfahren (siehe Seite 15). Nach wenigen Tagen bekommen Sie die Vertragsunterlagen per Post. Dann können Sie den vereinbarten Betrag überweisen und die Rentenzahlung beginnt.

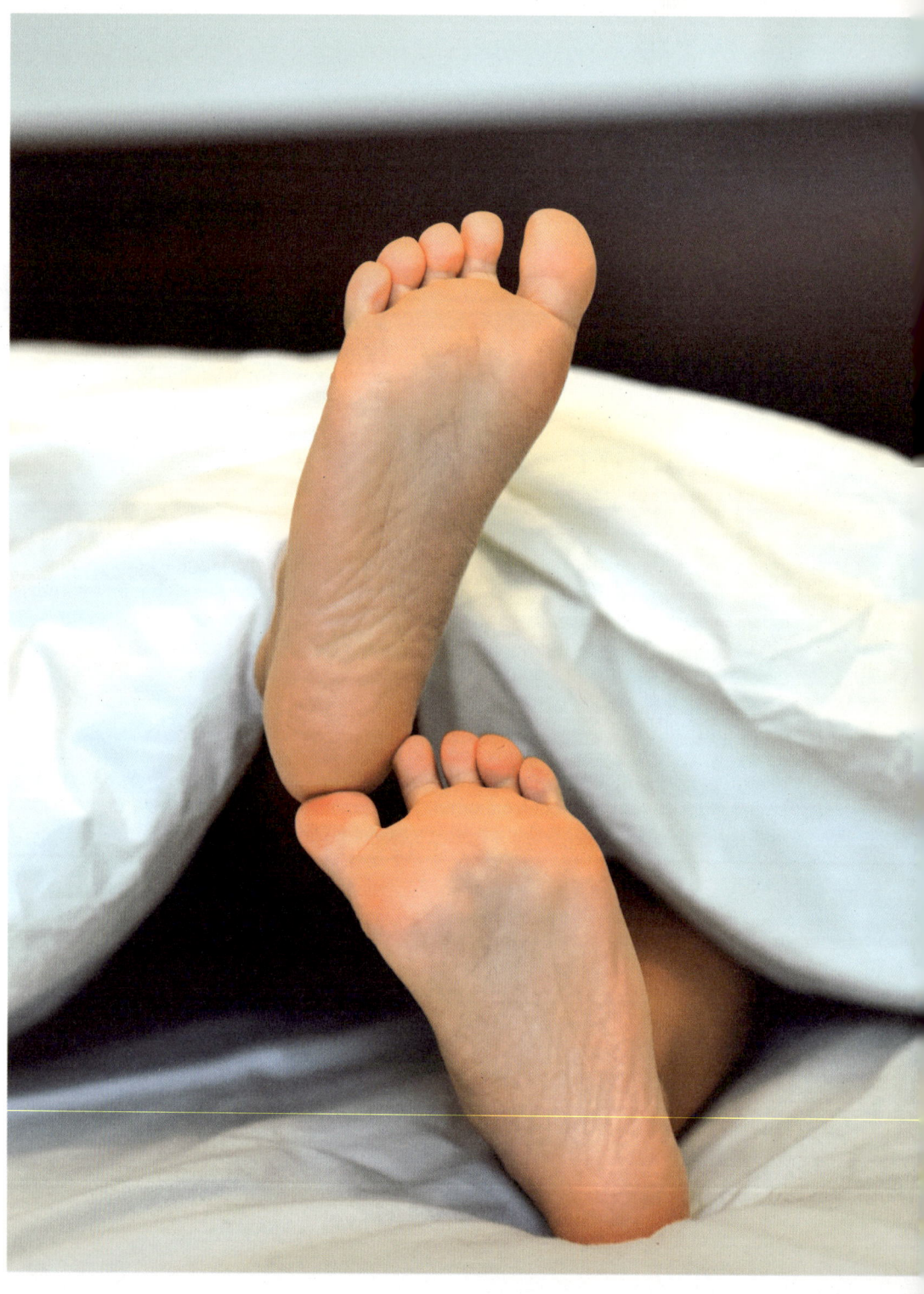

WISSENSWERTES RUND UM STEUERN

So schön es auch wäre: Ganz alleine profitieren Sie nicht von dem, was Sie aus Ihrem Geld herausholen. Auch der Staat genehmigt sich einen Teil Ihrer Rendite: seit 2009 vor allem in Form der pauschalen Abgeltungsteuer. Die hat vieles vereinfacht. Dennoch gibt es ein paar Dinge, die Sie wissen sollten, damit Sie nicht unnötig Geld verschenken oder sich womöglich Ärger mit dem Finanzamt einhandeln.

ABGELTUNGSTEUER: WAS SICH GEÄNDERT HAT

In dem Moment, in dem Sie Ihr Erspartes auf einem Tagesgeldkonto deponieren, von Ihrem Vermögen Fondsanteile kaufen oder dem Bund Geld leihen und dafür einen Bundesschatzbrief bekommen, wird es auch für das Finanzamt interessant. Denn seit 2009 gilt ein neuer, einheitlicher Steuersatz für Kapitalerträge wie Zinsen und Dividenden sowie für Gewinne aus Wertpapiergeschäften: die Abgeltungsteuer. Sie beträgt pauschal 25 Prozent: Obendrauf kommen noch 5,5 Prozent Solidaritätszuschlag und eventuell Kirchensteuer, die je nach Bundesland bei 8 oder 9 Prozent liegt.

Sorgen darüber, wie der Staat an das Geld kommt, müssen Sie sich keine machen. Das erledigen die Kreditinstitute, die die Steuer gleich an der Quelle – also von

Ihrem Konto – abzwacken und ans Finanzamt weiterleiten. Sie überweisen auch die Kirchensteuer mit, wenn der Kunde ihnen den entsprechenden Auftrag erteilt. Dann können Anleger es sich in vielen Fällen sparen, Kapitalerträge in der Steuererklärung anzugeben.

So unangenehm es auch ist, einen Teil der hart ersparten Zinsen und Gewinne herzugeben, so positiv ist die einheitliche Steuer für die meisten Sparer. Besserverdiener profitieren davon, weil die Erträge vorher mit dem jeweiligen persönlichen Steuersatz versteuert werden mussten, der zum Teil deutlich höher liegt. Alle, die einen persönlichen Steuersatz unter 25 Prozent haben, stellen sich mit der neuen Steuer nicht schlechter. Auf Wunsch werden sie nach dem persönlichen Satz besteuert. Das heißt, für sie lohnt es sich, sich zu viel gezahlte Steuern am Jahresende über die Steuererklärung zurückzuholen. Richtwert für einen Steuersatz von 25 Prozent ist ein zu versteuerndes Einkommen (inklusive Kapitaleinkünfte) von 15 000 Euro bei Alleinstehenden und 30 000 Euro bei Verheirateten.

Einen Pferdefuß hat die Neuregelung allerdings. Denn mit der Einführung der Abgeltungsteuer hat der Staat die Besteuerung von Wertpapieren geändert.

Gewinne aus dem Verkauf von Fondsanteilen oder anderen Wertpapieren sind jetzt grundsätzlich steuerpflichtig, nicht nur, wenn sie weniger als ein Jahr im Depot liegen. Vorher kam das Finanzamt ohne Einschränkung nur an Zinsen und Dividenden heran. Dadurch stehen vor allem Anleger schlechter da, die auf Aktienfonds und Aktien setzen.

Bei Wertpapieren, die bereits vor 2009 gekauft wurden, bleibt es aber bei der Steuerfreiheit für Kursgewinne.

FREIBETRÄGE: WIE SIE DIE RICHTIG NUTZEN

Eine kleine Schonfrist haben Sie, solange Ihre Erträge unter dem Sparerpauschbetrag liegen. Der beträgt bei Ledigen 801 Euro, bei Ehepaaren 1 602 Euro. Bis zu dieser Höhe sind Kapitaleinnahmen also steuerfrei. Wer gerade über den Begriff gestolpert ist: Der vorherige Sparerfreibetrag und die Werbungskostenpauschale wurden 2009 kurzerhand zum Sparerpauschbetrag verschmolzen.

Allerdings nützt Ihnen der Pauschbetrag erst einmal wenig, falls Sie vergessen, Ihrer Bank einen entsprechenden **Freistellungsauftrag** zu erteilen. Damit legen Sie fest, bis zu welchem Betrag die Bank Kapitalerträge steuerfrei an Sie auszahlt. Natürlich geht das nicht wahllos bis zu einer beliebigen Höhe, sondern insgesamt bis maximal 801 beziehungsweise 1 602 Euro. Haben Sie Ihr Geld bei mehreren

Banken angelegt, können Sie den Sparerpauschbetrag nach Belieben aufsplitten – müssen aber jedem einzelnen Institut einen gesonderten Freistellungsauftrag erteilen. Am besten überlegen Sie sich, bei welcher Bank Sie die höchsten Zinsen erwarten und stellen da den größeren Teil der Erträge frei. Wer am Ende des Jahres feststellt, dass er die Freistellungsaufträge ungünstig verteilt hat, kann seine Kapitaleinkünfte wie früher über die Steuererklärung abrechnen.

Befreiung für Geringverdiener

Neben dem Sparerpauschbetrag gibt es noch eine weitere Möglichkeit, Steuern zu sparen: über die **Nichtveranlagungsbescheinigung** – kurz NV-Bescheinigung – genannt. Die vergibt das Finanzamt: Leider nicht an jeden, sondern nur an Menschen, die ein sehr geringes Einkommen haben. Beantragen sie die Bescheinigung und liegt sie der Bank vor, bekommen sie ihre Kapitalerträge bis zu drei Jahre steuerfrei ausgezahlt – selbst dann, wenn sie über dem Sparerpauschbetrag liegen.

Doch wie kommt man an einen solchen Freibrief? Das klappt nur, wenn das Einkommen nach Abzug aller Freibeträge unter dem steuerfreien Existenzminimum von 8 004 Euro im Jahr liegt (Stand: 2011). Außer für Rentner ist diese Regelung vor allem für Familien interessant. Denn wie Erwachsene haben auch Kinder Anspruch darauf: auf den Grundfreibetrag von 8 004 Euro sowie den Sparerpauschbetrag von 801 Euro. Haben Kinder so hohe steuerpflichtige Einkünfte, dass die Eltern eine Steuererklärung für sie abgeben müssen, erkennt das Finanzamt sogar Sonderausgaben und außergewöhnliche Belastungen an – zumindest die Sonderausgaben-

pauschale von 36 Euro. Damit können sie jährlich ganze 8 841 Euro steuerfrei kassieren. Allerdings kann das Finanzamt die NV-Bescheinigung auch verweigern – selbst wenn alle Voraussetzungen erfüllt sind. Versuchen sollten Sie es dennoch. Antragsformulare gibt es beim Finanzamt oder im Internet unter www.formulare-bfinv.de, im Formularcenter unter „N".

Legales Steuersparmodell: Vertrag über die Kinder

Dass selbst minderjährige Kinder wie vollwertige Steuerzahler eingestuft werden, bietet Eltern oder Großeltern eine gute Möglichkeit, Steuern zu sparen – und gleichzeitig deren Ausbildung zu finanzieren. Das funktioniert, indem Sie einen Teil Ihres Vermögens auf den Namen des Kindes anlegen. Dann können Sie zum einen den Sparerpauschbetrag von 801 Euro nutzen und einen Freistellungsauftrag bei

INFO So wird die Abgeltungsteuer berechnet: ein Beispiel

Legen Sie als Alleinstehender 20 000 Euro für ein Jahr zu 2,5 Prozent Zins als Festgeld an, haben Sie am Ende 500 Euro mehr. Damit bleiben Sie noch unter dem Sparerpauschbetrag, müssen darauf also keinerlei Steuern zahlen. Anders sieht es aus, wenn der Zinssatz bei 4,5 Prozent liegt, womit Sie auf 900 Euro kämen. Von den 99 Euro (900 minus 801 Euro) oberhalb

des Pauschbetrags führt die Bank 25 Prozent, also 24,75 Euro, Abgeltungsteuer ab. Dazu kommt noch der Solidaritätszuschlag (5,5 Prozent von 24,75 Euro = 1,36 Euro). Insgesamt fließen also etwas über 26 Euro ans Finanzamt. Wenn sie kirchensteuerpflichtig sind, ist es noch ein wenig mehr: bei 9 Prozent Kirchensteuer zum Beispiel weitere 2,22 Euro.

der Bank stellen. Übersteigen die Einkünfte des Kindes den Sparerpauschbetrag, können Sie zusätzlich den Grundfreibetrag von 8 004 Euro entweder über die Steuererklärung des Kindes geltend machen oder indem Sie für es NV-Bescheinigung beantragen und diese der Bank vorlegen.

So praktisch das auch alles ist: Ein paar Punkte lohnt es sich zu beachten. Sonst kann es passieren, dass Sie dafür unversehens an anderer Stelle draufzahlen.

■ **Krankenversicherung.** Sind beide Eltern gesetzlich krankenversichert, können die Kinder kostenlos bei ihnen mitversichert werden. Das erlauben die Krankenkassen aber nur, wenn das Einkommen der minderjährigen Kinder nicht über 365 Euro im Monat liegt. Diese sollten deshalb in einem Jahr nicht mehr als 3 579 Euro (365 Euro x 12 Monate – 801 Euro Sparerpauschbetrag) an Erträgen erzielen.

■ **Kindergeld.** Auch bei volljährigen Kindern – die beispielsweise noch in Ausbildung sind oder studieren – lohnt es sich zu prüfen, ob sich das Ganze rechnet. Wenn deren Einkünfte im Jahr 2011 auch nur einen Euro über dem Grundfreibetrag von 8 004 Euro jährlich liegen, verlieren die Eltern nämlich den Anspruch auf Kindergeld und Kinderfreibetrag. Dazu zählen Einkünfte und Bezüge aus Kapitalvermögen, aus Jobs, aber auch der steuerfreie Teil von Waisenrenten und die Hälfte von BAföG-Zahlungen. Derzeit ist geplant, diese Regelung ab 2012 zu ändern und das Kindergeld dann nicht mehr von den Einkünften der Kinder abhängig zu machen.

Geschenkt ist geschenkt

Diese Steuersparmöglichkeit ist zweifelsohne verlockend. Aber über mehrere Dinge sollten Sie sich im Klaren sein: In dem Moment, in dem Sie Geld auf den Namen der Kinder oder Enkel anlegen, entspricht das juristisch gesehen einer Schenkung. Das heißt, das Vermögen gehört dann tatsächlich dem Kind. Für den Fall, dass Eltern dessen Konto lediglich als Parkplatz für das eigene Geld nutzen und das Finanzamt das spitzkriegt, rechnet es die Erträge weiterhin den Eltern zu. Dann könnte es passieren, dass Sie die gesparte Steuer samt Zinsen selbst Jahre später noch nachzahlen müssen.

Hintergrund: Eltern minderjähriger Kinder haben zwar das Recht, deren Vermögen zu verwalten, dürfen es aber nur im Rahmen des elterlichen Sorgerechts nutzen. Sie können davon also beispielsweise die Ausbildung des Kindes bezahlen, nicht jedoch einen gemeinsamen Urlaub. Möglich ist aber, die Schenkung an eine Vorgabe zu knüpfen wie etwa, dass das Kind das Geld für sein Studium nutzt.

Wollen Sie ein Wertpapierdepot, das schon länger besteht, auf den Namen eines Kindes übertragen: Denken Sie daran, die Bank zu informieren, dass es sich um eine unentgeltliche Übertragung der Papiere handelt. Nur so bleiben Kursgewinne von Wertpapieren, die Sie vor 2009 gekauft haben, auch nach der Schenkung steuerfrei. Sonst geht die Bank von einem Neuerwerb aus – womit Steuern fällig werden.

STEUERERKLÄRUNG: WO SIE KAPITALERTRÄGE ANGEBEN

Obwohl die Banken die Abgeltungsteuer direkt ans Finanzamt abführen, kommen viele auch weiterhin nicht darum herum, ihre Erträge über die Steuererklärung abzurechnen. Beispielsweise dann, wenn sie ihre Freistellungsaufträge versehentlich zu hoch erteilt und so den Sparerpauschbetrag überschritten haben. Auch wer Erträge auf Auslandskonten erzielt, muss diese in der Steuererklärung angeben.

Es kann sich aber auch für Sie lohnen, die Steuererklärung auszufüllen, weil Sie ansonsten Geld verschenken – beispielsweise, weil Ihr persönlicher Steuersatz unter 25 Prozent liegt oder Sie den Sparerpauschbetrag ungünstig verteilt haben. Doch – wie funktioniert das?

Die Erträge rechnen Sie nach wie vor über die Anlage KAP der Steuererklärung ab. Dazu zählen alle Erträge aus privatem Kapitalvermögen – inklusive ausländischen Fonds oder Tagesgeldkonten. Dort müssen Sie auch alle Gewinne angeben, die Sie mit ab 2009 erworbenen Wertpapieren wie Aktien oder Fonds machen. Wer im Ausland Quellensteuer (siehe Seite 146) gezahlt hat, kann auch die in der Anlage KAP eintragen, um sie auf die in Deutschland fällige Steuer anrechnen zu lassen und sich so Geld zurückholen.

Doch der Staat will nicht nur wissen, womit Sie wie viel Gewinn gemacht haben. Ihn interessiert auch, warum Sie die Anlage KAP ausfüllen. Drei Gründe stehen dort zur Auswahl:

■ **Zeile 4.** Wollen Sie wissen, ob Ihr persönlicher Steuersatz unter 25 Prozent liegt, beantragen Sie hier die sogenannte Günstigerprüfung. Gegebenenfalls hat die Bank zu viel Abgeltungsteuer abgeführt, die Sie sich so zurückholen können. Dazu müssen Sie alle Kapitalerträge angeben – auch die aus dem Ausland.

■ **Zeile 5.** Haben Sie Ihre Freistellungsaufträge zu niedrig oder falsch erteilt und den Sparerpauschbetrag nicht ausgeschöpft, tragen Sie in der Zeile 5 eine „1" für „ja" ein. Damit beantragen Sie, dass das Finanzamt die Abrechnungen der Banken prüft und klärt, ob zu viel oder zu wenig Abgeltungsteuer geflossen ist.

■ **Zeile 6.** Hat Ihre Bank zwar Abgeltungsteuer abgeführt, aber keine Kirchensteuer einbehalten, sind Sie verpflichtet, die Anlage KAP abzugeben. Sie müssen aber nicht alle Erträge eintragen. Es reicht, die Steuerbescheinigung der Bank beizulegen und einzutragen, wie viel Abgeltungsteuer insgesamt geflossen ist.

TIPP: VERLUSTE VERRECHNEN

Am Ende der Anlage KAP gibt es die Möglichkeit, Verluste verrechnen zu lassen. Machen Sie zum Beispiel ein Minus, indem Sie seit 2009 erworbene Fonds verkaufen, können Sie beantragen, dass diese Verluste mit Gewinnen aus anderem Kapitalvermögen verrechnet werden. So sinkt Ihre Steuerlast.

KLEINES GELDANLAGELEXIKON FÜR FAULE

Abgeltungsteuer. Seit 1. Januar 2009 gilt in Deutschland die pauschale Abgeltungsteuer auf alle Kapitalerträge, also auf Zinsen, Dividenden und Kursgewinne, die beim Verkauf von Wertpapieren wie Aktien, Fonds oder Anleihen erzielt werden. Sie beträgt 25 Prozent plus Solidaritätszuschlag und gegebenenfalls Kirchensteuer. Die Bank zieht die Abgeltungsteuer automatisch ab, sofern der Anleger keinen ▷ Freistellungsauftrag erteilt hat.

ABS-Papiere. ABS ist die Abkürzung für Asset Backed Securities. Es handelt sich um ▷ Wertpapiere, die mit Forderungen aus Krediten abgesichert sind. Als Sicherheit können Forderungen aus Immobiliengeschäften dienen, aber auch Zahlungsverpflichtungen aus Kreditkarten- und Autoleasing-Geschäften. ABS haben bei der Finanzkrise 2008 eine ausschlaggebende Rolle gespielt, weil Banken mit solchen Papieren in großem Stil gehandelt haben, der Handel aber wegen unklarer Sicherheiten zusammenbrach.

Aktie. Eine Aktie ist ein Anteilsschein, mit dem Sie einen Bruchteil eines Unternehmens kaufen. Dadurch werden Sie Miteigentümer einer Aktiengesellschaft (AG) und sind an deren Erfolg oder Misserfolg beteiligt. Feste Erträge bietet diese Form der Geldanlage nicht. Sie profitieren also nur dann von Ihrer Investition, wenn es dem Unternehmen gut geht und die Aktie dadurch an Wert gewinnt. Das drückt sich in steigenden Kursen an der Börse aus, wo diese Art von ▷ Wertpapier gehandelt wird. Läuft es gut, machen Sie Gewinn; läuft es schlecht, sind auch Verluste möglich. Als Anleger haben Sie ein Anrecht auf die Dividende: Eine Gewinnbeteiligung, die in der Regel einmal im Jahr ausgeschüttet wird. Die gibt es allerdings nur, falls überhaupt ein solcher gemacht wird und die Hauptversammlung beschließt, ihn an die Aktionäre auszuzahlen. Je nach Art der Aktie haben Sie in der Hauptversammlung ein Stimmrecht, das bei ▷ Fonds die Fondsgesellschaften übernehmen. Langfristig bieten Aktien deutlich höhere Chancen als andere Geldanlagen, bergen aber auch größere Risiken: Sei es, weil es für das Unternehmen schlecht läuft oder es am Aktienmarkt auf und ab geht. Um das Risiko zu minimieren, kommt es also vor allem darauf an, sich möglichst eingehend mit der Thematik zu beschäftigen. Sich vorab nicht nur das Unternehmen genau anzuschauen, sondern auch das Marktumfeld und die Zukunftsaussichten. Das kostet vor allem Zeit. Aus diesem Grund sind gerade einzelne Aktien für Faule denkbar ungeeignet. Für sie kommt alternativ die Anlage in Aktienindexfonds (siehe Seite 83) infrage.

Aktienanleihe. Eine Kombination von ▷ Anleihe und einer Art ▷ Derivat. Am Ende der Laufzeit hat der Herausgeber der

Aktienanleihe die Wahl, ob er Ihnen den ▷ Nennwert, also Ihr Geld, in bar oder in Form von Aktien ausbezahlt. Viel zu riskant und kompliziert für Faule.

Aktien-ETF. Anderer Begriff für Aktienindexfonds (siehe Seite 83).

Aktienfonds. ▷ Fonds, der in ▷ Aktien investiert (siehe Seite 83).

Anleihe. Anleihen sind ▷ Wertpapiere und bringen vor allem eines: regelmäßige Zinsen. Sie werden auch Schuldverschreibung, Rentenpapier, Obligation oder Bond genannt. Im Grunde sind sie eine Art Schuldschein eines Unternehmens oder eines Staates, denen Sie mit Ihrem Kauf der Anleihe Geld leihen. Im Gegenzug kommt der Verkäufer dadurch langfristig an Fremdkapital. Anleihen haben anders als Aktien eine feste Laufzeit. Am Ende der Laufzeit bekommen Sie als Käufer der Anleihe Ihr Geld plus Zinsen zurück. Die Verzinsung bleibt meist über die gesamte Laufzeit gleich. Es gibt aber auch Anleihen, bei denen sie ansteigt oder variabel ist. Wie hoch der Zins ist, hängt von der Laufzeit ab und davon, wie kreditwürdig der Herausgeber ist. Je weniger, desto weniger sicher ist es, dass er am Ende in der Lage ist, das Geld samt Zinsen zurückzuzahlen. Geht der Herausgeber pleite, kann es passieren, dass Sie Ihr Geld gar nicht zurückbekommen. Je höher dieses Ausfallrisiko ist, desto höher ist der Zins, den Sie für die Anleihe bekommen. Bei

Anleihen, die Unternehmen herausgeben, und den Anleihen vieler Staaten können Laien das Ausfallrisiko kaum einschätzen, weshalb sie für Faule nicht infrage kommen. Zu den bekanntesten Anleiheformen gehören sicherlich ▷ Pfandbriefe und ▷ Bankschuldverschreibungen. Am sichersten sind öffentliche Anleihen. Sie werden von Bund, Ländern und Gemeinden herausgegeben. Sie sind zwar eine gute Geldanlage, aber mit der Ausnahme von Bundesschatzbriefen (siehe Seite 74) verlangen sie Zeit bei der Auswahl, damit man nicht die falschen erwischt. Pflegeleichtere Alternativen zu Anleihen sind Festgelder (siehe Seite 69) und Sparbriefe (siehe Seite 72).

Arbeitnehmersparzulage. Zulage, die der Staat auf vermögenswirksame Leistungen (siehe Seite 46) zahlt, wenn Arbeitnehmer unter bestimmten Einkommensgrenzen bleiben (siehe Seite 95).

Ausgabeaufschlag. Gebühr, die der Verkäufer von ▷ Fonds für seine Dienste verlangt. Sie fällt nur bei aktiv gemanagten Fonds an (siehe Seite 85), nicht bei ▷ ETF. Der Ausgabeaufschlag kann durch Verhandeln oder Auswahl der Kaufquelle reduziert werden. Je nach Fonds und Anlagebetrag gewähren ▷ Direktbanken und ▷ Fondsvermittler einen Rabatt.

Ausschüttender Fonds. ▷ Fonds, bei denen Erträge wie Zinsen oder ▷ Dividenden meist einmal jährlich an Anleger ausgezahlt werden. Die Alternative ist ein ▷ thesaurierender Fonds.

Auszahlplan. ▷ Entnahmeplan

Benchmark. Maßstab, um die Leistung eines ▷ Fonds oder einer anderen Geldanlage zu messen.

Bankauszahlplan. ▷ Entnahmeplan, der sich gut für Faule eignet (siehe Seite 120).

Banksparplan. Sicherer ▷ Sparplan, der sich gut für Faule eignet.

Bankschuldverschreibung. ▷ Anleihen, die Banken herausgeben. Keine schlechte Geldanlage. Geht die herausgebende Bank pleite, ist das Geld aber nicht abgesichert. Deshalb für Faule nicht erste Wahl.

Bond ▷ Anleihe

Bonität. Die Fähigkeit des Herausgebers einer ▷ Anleihe, seinen Verpflichtungen zur Zahlung von Zinsen oder zur Rückzahlung des Kapitals nachzukommen – also seine Kreditwürdigkeit. Je weniger kreditwürdig er ist, desto höher der Zins, den der Herausgeber als eine Art Risikozuschlag zahlen muss. Geht er in Konkurs, bedeutet das den Verlust des eingesetzten Kapitals.

Börse. Handelsplatz für verschiedene austauschbare Güter. Neben Devisen und ▷ Wertpapieren kann eine Börse auch

Markt für Waren und Rohstoffe sein. Der weltweit bedeutendste Börsenplatz ist New York, gefolgt von London und Tokio. Die größte deutsche Börse ist die Frankfurter Börse. Daneben gibt es weitere Börsen in den Städten Berlin, Bremen, Düsseldorf, Hamburg, Hannover, Stuttgart und München.

Bundesanleihe. Bundesanleihen sind ▷ Anleihen, die der deutsche Staat in regelmäßigen Abständen herausgibt. Sie sind eine ausgesprochen sichere Geldanlage. In der Regel haben sie lange Laufzeiten von 10 bis 30 Jahren, können aber vorzeitig an der Börse verkauft werden. Beim vorzeitigen Verkauf besteht ein Kursrisiko. Sie eignen sich, um größere Beträge mittel- bis langfristig anzulegen. Man benötigt aber mehr Vorwissen als beispielsweise bei der Anlage in Festgeld (siehe Seite 69) oder Sparbriefen (siehe Seite 72), weshalb sie für Faule nicht erste Wahl sind.

Bundesanstalt für Finanzdienstleistungsaufsicht (Bafin). ▷ Fondsgesellschaften unterliegen der Aufsicht durch die Bafin. Sie erteilt die Erlaubnis zum Vertrieb von ▷ Fonds in Deutschland und überwacht die Einhaltung der gesetzlichen Vorschriften.

Bundesschatzbrief. ▷ Bundeswertpapier, das je nach Typ sechs oder sieben Jahre läuft und sich gut für Faule eignet (siehe Seite 74).

Bundeswertpapier. Weil der Schuldenberg unaufhaltsam wächst, braucht der Bund so viel Geld wie möglich, um sein Haushaltsdefizit zu finanzieren. Das besorgt er sich nicht nur über Steuern, sondern pumpt es sich auch von Privatpersonen, indem er ▷ Anleihen ausgibt. Zu den Bundeswertpapieren zählen Bundesanleihen, Bundesobligationen, Bundesschatzbriefe, Bundesschatzanweisungen, Tagesanleihen und Finanzierungsschätze. Sie sind eine sehr sichere Geldanlage. Der Staat bürgt für sie mit seinem Vermögen und Steueraufkommen. Das Risiko, dass er Zinsen oder sogar die gesamte Kreditsumme nicht zurückzahlen kann, geht gegen null. Die Wertpapiere unterscheiden sich vor allem bei der Laufzeit. Im längerfristigen Bereich haben Anleger die Wahl zwischen Bundesschatzbriefen und ▷ Bundesanleihen. Letztere laufen zehn bis 30 Jahre. Eine Bundesobligation hat dagegen mit meist fünf Jahren eine deutlich kürzere Laufzeit. Bei ▷ Finanzierungsschätzen sind es nur ein bis zwei Jahre – allerdings ohne die Möglichkeit, vorzeitig zu kündigen. Tagesanleihen sind täglich verfügbar. Für Faule kommen vor allem Tagesanleihen (siehe Seite 65) und Bundesschatzbriefe infrage (siehe Seite 74).

Cost-Average-Effect. Übersetzt Durchschnittskosteneffekt. Er beschreibt einen Vorteil von ▷ Fondssparplänen gegenüber der ▷ Einmalanlage. Zahlt der Anleger regelmäßig einen festen Betrag in einen ▷ Fonds ein, so werden ihm bei niedrigen Preisen mehr Anteile gutgeschrieben und bei hohen Preisen weniger. Er profitiert also teilweise von schlechten Börsenphasen, in denen er Anteile billiger bekommt.

Dachfonds. Als Dachfonds werden ▷ Fonds bezeichnet, die nicht direkt in einzelne ▷ Aktien, ▷ Anleihen oder Immobilien investieren, sondern in ▷ Aktien- oder ▷ Rentenfonds. Diese Streuung soll das Risiko minimieren. Allerdings entstehen durch die doppelte Verwaltungsstruktur auch höhere Kosten. Von vielen Anlageberatern werden Dachfonds fälschlicherweise als Wunderwaffe gegen die ▷ Abgeltungsteuer gepriesen, weil die Kursgewinne, die der Fondsmanager beim Verkauf einzelner Fonds erzielt, steuerfrei sind. Allerdings bezieht sich das nur auf Umschichtungen innerhalb eines Fonds. Falsch ist es deshalb, weil diese Steuerfreiheit für Umschichtungen innerhalb eines Fonds nicht nur für Dach-, sondern auch für Aktien- und Rentenfonds gilt. Es ist also steuerlich egal, woran Sie Anteile kaufen. Viel entscheidender als die interne Steuerersparnis ist, welche Rendite am Ende herauskommt – und da schneiden viele Dachfonds schlecht ab. Das Risiko, einen Flop zu kaufen, ist sehr hoch. Käufer müssen also sehr wachsam sein und die Entwicklung des Fonds beobachten: Für Faule viel zu viel Aufwand.

Depot. Wertpapiere wie etwa ▷ Aktien, ▷ Anleihen und ▷ Fonds werden in einem Depot verwahrt. Es ist eine Art Konto, auf dem Zu- und Abgänge verbucht werden. Die Depotstelle – eine Bank oder ▷ Fondsgesellschaft – kümmert sich darum, dass Geld aus Verkäufen oder Ausschüttungen dem Girokonto gutgeschrieben oder wieder angelegt wird. Sie schickt regelmäßig Abrechnungen über alle Buchungen sowie einen Depotauszug an die Anleger und verlangt für diesen Service meist Depotgebühren. Bei vielen ▷ Direktbanken ist das Depot gratis.

Derivat. Derivate sind eine Art Wette auf die zukünftige Entwicklung von ▷ Wertpapieren, Rohstoffen oder anderen Waren. Sehr riskant und nur etwas für Menschen, die sich damit auskennen.

Direktbank. Der Fondskauf und andere Bankgeschäfte sind bei solchen Banken nur per Telefon, Internet oder Fax möglich. Sie bieten meist keine Beratung, dafür häufig günstigere Konditionen wie beispielsweise Rabatte auf den ▷ Ausgabeaufschlag beim Fondskauf.

Diversifikation. Die Streuung eines Vermögens auf viele verschiedene Anlageformen, Anlagemärkte und unterschiedliche Papiere.

Dividende. Aktiengesellschaften schütten Teile ihres Gewinns in Form einer Dividende an die Anteilseigner (Aktionäre) aus.

Dividendenpapier. Anderer Ausdruck für ▷ Aktie.

Effektivzins. Dieser Zins gibt die tatsächliche jährliche ▷ Rendite einer Geldanlage wieder und ist daher entscheidend, wenn Sie unterschiedliche Angebote vergleichen. Bei einer jährlichen Zinsgutschrift zum Beispiel auf dem Tagesgeldkonto sind Effektiv- und Nominalzins gleich. Bekommen Sie aber eine vierteljährliche oder tägliche Zinsgutschrift, ist der Effektivzins dank des ▷ Zinseszinseffekts höher.

Einmalanlage. Eine Geldanlage, bei der Sie nicht regelmäßig sparen, sondern in die Sie einmalig einen größeren Betrag einzahlen, wie zum Beispiel bei Festgeld (siehe Seite 69) oder Sparbriefen (siehe Seite 72).

Einzahlplan ▷ Sparplan

Emerging Markets. So werden Länder wie China, Brasilien oder Indien bezeichnet, die auf der Schwelle zu hochentwickelten Industrienationen sind.

Emittent. Der Herausgeber einer ▷ Anleihe oder eines ▷ Zertifikats.

Entnahmeplan. Aus einem angesparten Vermögen wird regelmäßig eine bestimmte Summe ausgezahlt. Für Faule eignen sich nur Bankauszahlpläne (siehe Seite 120). Es gibt auch ▷ Fondsentnahmepläne. Sie sind riskant.

Eonia. Zinssatz, zu dem sich Banken über Nacht Geld ausleihen.

ETF (Exchange Traded Fund). ▷ Fonds, der für den Börsenhandel bestimmt ist und in der Regel einen ▷ Index abbildet. Daher werden ETFs auch Indexfonds genannt. Es gibt Aktienindexfonds (siehe Seite 83) und Rentenindexfonds (siehe Seite 90).

Festverzinsliches Wertpapier. Die meisten ▷ Anleihen sind festverzinsliche Wertpapiere. Der Zinssatz wird vorher vereinbart und ist verbindlich. Gegenstück ▷ Floater.

Finanzierungsschatz. ▷ Bundeswertpapier, das über ein oder zwei Jahre läuft. Die Zinsen sind fest. Es kann nicht vorzeitig verkauft werden. Die Mindestanlage beträgt 500 Euro. Festgelder (siehe Seite 69) oder ein gutes Tagesgeldkonto (siehe Seite 62) sind meist lukrativer.

Floater. ▷ Anleihe, bei der der Zinssatz nicht von vornherein festgelegt ist. Gegenstück: ▷ Festverzinsliches Wertpapier.

Fonds. Auch Investmentfonds genannt. Anlageform, welche die Gelder verschiedener Anleger meist in ▷ Aktien, ▷ Anleihen oder Immobilien investiert. Durch die breite Streuung auf verschiedene Märkte, Papiere und Objekte ist das Risiko von Kursschwankungen bei Fonds geringer als bei der Anlage in einzelne Aktien oder Anleihen. Deshalb sind sie eine gute Anlageform für Kleinanleger. Weil man aber Vorwissen braucht und sich regelmäßig um sie kümmern sollte, sind die meisten Fonds für Faule ungeeignet. Eine Ausnahme sind Aktienindexfonds (siehe Seite 83) und Rentenindexfonds (siehe Seite 90).

Fondsentnahmeplan. Wer in den Ruhestand geht, kann sich aus seinem angesparten Vermögen regelmäßige Beträge auszahlen lassen. Möglich ist das über eine Sofortrente (siehe Seite 123), einen Bankauszahlplan (siehe Seite 120) – oder einen Fondsentnahmeplan. Dabei zahlen Sie zu Beginn einen größeren Betrag ein und kaufen damit Anteile an verschiedenen ▷ Fonds, beispielsweise Aktien- oder Rentenfonds. Indem die nach und nach verkauft werden, werden die regelmäßigen Auszahlungen an Sie finanziert. Dabei besteht das Risiko, dass die Fonds ordentlich an Wert verlieren. Auch deshalb ist ein Fondsentnahmeplan für Faule ungeeignet.

Fondsgebundene Versicherung ▷ Fondspolicen.

Fondsgesellschaft. Investmentgesellschaft, die ▷ Fonds auflegt.

Fondsmanager. Angestellter einer Fondsgesellschaft, der entscheidet, wie das Geld der Kunden angelegt wird, welche ▷ Wertpapiere zu welchem Zeitpunkt ge- und verkauft werden. Meist unterstützen ihn Analysten, die die Entwicklung des Aktien- oder Anleihemarktes kontinuierlich untersuchen. Der Manager muss

Anlagebedingungen und gesetzliche Auflagen einhalten.

Fondspolice. Fondspolicen sind fondsgebundene Versicherungen, also zum Beispiel ▷ Kapitallebensversicherungen oder ▷ Private Rentenversicherungen, die die Gelder der Versicherten in ▷ Fonds investieren. Sie sind wie alle Lebensversicherungen mit hohen Kosten verbunden. Durch die Anlage in Fonds gibt es zudem Verlustrisiken. Damit sind Fondspolicen selten eine gute Geldanlage und für Faule nicht geeignet.

Fondsshop ▷ Fondsvermittler

Fondssparplan. Sparplan, über den man in ▷ Fonds investiert. Für Faule eignen sich nur Fondssparpläne, die in Rentenindexfonds (siehe Seite 90) oder Aktienindexfonds (siehe Seite 83) investieren.

Fondsvermittler. Fondsvermittler, auch Fondsshops genannt, bieten im Internet ihre Dienste an. Sie verkaufen ▷ Fonds, und das meist günstiger als Banken, liefern aber keine Beratung. Lästig ist, dass sie ihre Kunden gern mit Werbung und Lockangeboten bombardieren. Beim Kauf von ▷ ETFs, die wir für Faule empfehlen, lässt sich über Fondsvermittler nicht viel sparen, wohl aber bei aktiv gemanagten Fonds (siehe Seite 87). Wer sich dafür interessiert, findet im Internet eine kostenlose Liste mit Fondsvermittlern über www.test.de/freie-fondsvermittler.

Freistellungsauftrag. Anleger können ihrer Fondsgesellschaft oder Bank einen Freistellungsauftrag erteilen (Alleinstehende maximal 801 Euro, Ehepaare maximal 1 602 Euro). Dann wird bis zu dieser Summe keine ▷ Abgeltungsteuer von den jährlichen Erträgen – wie etwa Zinsen oder ▷ Dividenden – abgezogen. Mehr dazu auf Seite 130.

Future. Eine bestimmte ▷ Derivateform. Zu kompliziert und riskant für Laien.

Garantiefonds. Meist befristete Fondsanlage, bei der am Ende der Laufzeit das eingesetzte Kapital komplett (Geld-zurück-Garantie) oder zu einem bestimmten Prozentsatz zurückgezahlt wird. Nachteil: Auch an einem Kursanstieg werden Anleger meist nur zu einem bestimmten Prozentsatz beteiligt. Risiken und Renditechancen sind schwer zu durchschauen. Meist keine empfehlenswerte Geldanlage. Wer keine Risiken eingehen möchte, fährt mit wirklich sicheren Produkten wie Sparbriefen (siehe Seite 72) oder Festgeldern (siehe Seite 69) besser, wer hohe Renditen erzielen möchte, mit Aktienindexfonds (siehe Seite 83).

Garantiezertifikat. Ein ▷ Zertifikat, dessen Risiken durch eingebaute Garantien verringert werden sollen. Die Garantie kostet Renditechancen. Welche Risiken verbleiben und in welchem Verhältnis sie zu den Renditechancen stehen, können oft nicht einmal Profis einschätzen. Zudem nützt keine Garantie etwas gegen das Risiko, dass das Zertifikat wertlos wird, falls die herausgebende Bank pleitegeht. Daher sind Garantiezertifikate in der Regel nicht zu empfehlen.

Geldmarktfonds. Geldmarktfonds investieren das Geld der Anleger in ▷ Wertpapiere mit sehr kurzen Laufzeiten und sind als Möglichkeit zum Geldparken gedacht. Bis zur Finanzkrise galten Geldmarktfonds noch als sehr solide, da sie traditionell vor allem in sichere ▷ Zinsanlagen investieren. Allerdings stellte sich im Zuge der Krise heraus, dass viele Fonds riskante ▷ ABS-Papiere dazukauften, um die Rendite aufzupeppen. Das Ergebnis: In der Krise fielen die Kurse dramatisch, manche Geldmarktfonds wurden sogar wertlos. Tagesgeld (siehe Seite 62) ist daher die sicherere und bessere Alternative für den Notgroschen. Manche Banken bieten Geldmarktfonds allerdings getarnt als Tagesgeld an, was Anleger erst durch einen Blick ins Kleingedruckte erfahren. Hier heißt es also besonders: Augen auf!

Genussschein. Genussscheine sind eine Art Zwischending zwischen ▷ Anleihe und ▷ Aktie. Risiken und Renditechancen sind hier kaum zu durchblicken, weil jeder Genussschein anders gestrickt ist. Trotz des schönen Namens: Das ist nichts für Faule!

Geschlossene Fonds. Geschlossene Fonds haben mit den ▷ Fonds, die viele Kleinanleger nutzen, überhaupt nichts zu tun. Sie sind nicht für Kleinanleger geeignet, und schon gar nicht für faule. Kann ein Unternehmer den Kaufpreis für eine geplante Investition nicht alleine aufbringen, hat er die Möglichkeit, eine Gesellschaft von Anlegern zu gründen. Von denen sammelt er Geld ein und nimmt zusätzlich einen Kredit auf. Sobald genügend Kapital für den Kauf oder Bau von beispielsweise Immobilien, Windkraftanlagen oder Schiffen zusammengekommen ist, wird der Fonds für neue Anleger geschlossen. Wer Geld in einen solchen geschlossenen Fonds steckt, kann als Investor und Gesellschafter die Entscheidungen des Fonds mitbestimmen. Er profitiert vom Gewinn, haftet aber auch für Verluste – mindestens in Höhe seiner Einlage. In manchen Fällen sogar mit seinem gesamten Privatvermögen, das heißt, er müsste noch Geld nachschießen, wenn der Fonds in den roten Zahlen ist. Ein zweiter Nachteil: Da die Investitionen langfristig angelegt sind, kann man Anteile an einem geschlossenen Fonds meist nicht vorzeitig verkaufen.

Gold und andere Rohstoffe. Seit der Finanzkrise 2008 schreien Anleger rund um den Globus förmlich nach Gold und wollen ihr Vermögen in Barren oder Münzen umschichten. Das Edelmetall gilt als besonders wertstabil in Krisenzeiten. Zudem erkennt es die ganze Welt als Wertaufbewahrungsmittel an. Nachteile dieser Geldanlageform sind der stark schwankende Kurs, die hohen Kaufkosten und die fehlenden Erträge. Alternativ zum „echten" Gold kommen auch ▷ Wertpapiere wie Goldminenaktien oder Goldfonds infrage. Darüber erwerben Sie Anteile an Goldminen. Leider ist jedoch nicht jede Mine eine wahre Goldgrube, und so schwanken deren ▷ Aktien in der Regel noch stärker als der Goldpreis. Als Goldkäufer müssen Sie sich der Risiken und Kosten bewusst sein. Das Horten der Schätze im Tresor kostet Geld, und wer Gold kauft, zahlt immer Aufschläge. Weil der Goldkurs stark schwankt und gerade zu Krisenzeiten sehr hoch ist, ist das Risiko groß, damit Verluste zu machen.

Hedgefonds. Hedgefonds investieren in riskante ▷ Derivate und können auch sogenannte Leerverkäufe machen: Sie verkaufen heute schon ▷ Aktien, die sie noch gar nicht gekauft haben, um so auf fallende Kurse zu spekulieren. Sie sind extrem riskant und absolut nichts für Faule.

Immobilie. ▷ Vermietete Immobilien sind für Faule zu aufwendig. Ein Eigenheim kann unter bestimmten Voraussetzungen eine gute Geldanlage sein (siehe Seite 37).

Immobilienfonds. Es gibt offene und ▷ geschlossene Fonds, die in Immobilien investieren. Geschlossene Fonds sind sehr riskant. Offene Immobilienfonds sind eher für Kleinanleger geeignet, haben aber auch ein paar Nachteile. Auf den ersten Blick sind sie eine absolut solide Geldanlage, wird das Kapital doch in Gebäude und Grundstücke gesteckt. Das Versprechen für die Anleger: sichere und dauerhafte Erträge aus Mieteinnahmen. Seit einigen Jahren haben aber etliche Immobilienfonds Probleme. Anleger können ihre Anteile nicht mehr täglich an die Fondsgesellschaft zurückgeben, einige Fonds wurden sogar endgültig geschlossen. Spekulative Großanleger hatten sie als lukrativen Geldparkplatz missbraucht. Den plötzlichen Abzug hoher Millionenbeträge konnten die Fonds nicht schultern. Darüber hinaus sind die Kaufkosten bei Immobilienfonds im Verhältnis zu den Renditechancen hoch, weshalb sie sich nur für die langfristige Anlage eignen. Fazit: Wer in solche Fonds investieren möchte, sollte sich vorher mit dem Thema beschäftigen. Deshalb sind sie nichts für Faule.

Index. Wert, der misst, wie ein bestimmter Markt sich entwickelt. Der Dax 30 etwa gilt als Gradmesser für den deutschen Aktienmarkt, da er die Wertentwicklung der größten deutschen Unternehmen abbildet. In Japan ist der Nikkei 225 besonders bekannt, in den USA der Dow Jones Industrial. Mehr dazu siehe Seite 85.

Indexfonds. ▷ ETF

Indexzertifikat. Ein ▷ Zertifikat, das sich an einem ▷ Index orientiert. Im Gegensatz zu den meisten anderen Zertifikaten sind Indexzertifikate relativ einfach und leicht zu durchschauen. Bis zur Finanzkrise 2008 galten sie als attraktive Alternative zu

▷ ETFs, also Indexfonds. Anders als Fonds haben sie aber wie alle Zertifikate das Risiko, dass sie wertlos werden, wenn die herausgebende Bank pleitegeht. Dass eine große Bank pleitegeht, konnte sich niemand vorstellen. Die Krise hat gezeigt, dass das durchaus möglich ist. Deshalb sind Faule mit Indexfonds besser bedient.

Investmentfonds ▷ Fonds

Isin. Abkürzung für „International Securities Identification Number", eine Art Bestellnummer für ▷ Wertpapiere. Die Isin wird auf jedem Kauf- und Verkaufsantrag vermerkt. Vorläufer der Isin war die ▷ Wertpapierkennnummer, die manche Banken noch verwenden.

Kapitalerträge. Kapitalerträge können Zinsen, ▷ Dividenden oder Kursgewinne durch den Verkauf von ▷ Wertpapieren sein.

Kapitallebensversicherung. Seitdem Neuverträge nicht mehr steuerfrei sind, haben Kapitallebensversicherungen deutlich an Attraktivität verloren. Sie sind eine Mischung aus Geldanlage und Risikolebensversicherung und sollen zwei Fliegen mit einer Klappe schlagen: Sie sichern Angehörige für den Fall Ihres Todes ab. Erleben Sie das Ende der Laufzeit, bekommen Sie eine größere Summe Geld auf einen Schlag ausbezahlt. Wie viel das ist, hängt vom Eintrittsalter, der Vertragsdauer und der Höhe des Beitrags ab. In eine solche

Lebensversicherung lassen sich allerlei Zusatzversicherungen einbauen wie gegen Unfalltod, Invalidität oder Berufsunfähigkeit. Allerdings schmälern solche Extras die Rendite zum Teil enorm. Anleger können jederzeit die Beitragshöhe ändern, sie beleihen, vererben, an wen Sie wollen, und vor Ablauf kündigen oder verkaufen. Allerdings rechnet sich das in den meisten Fällen nicht, weil sie nicht das herausbekommen, was sie über Jahre eingezahlt haben. Wer seinen Vertrag noch vor 2005 abgeschlossen hat, bekommt die Erträge daraus komplett steuerfrei – vorausgesetzt, er lief mindestens zwölf Jahre. Alle, die später dran waren, haben Pech gehabt, da sie einmalige Auszahlungen aus Kapitallebensversicherungen seit 2005 zur Hälfte mit dem persönlichen Steuersatz versteuern müssen, Rentenbezüge mit dem sogenannten Ertragsanteil. Damit besteht zwar immer noch ein geringfügiger Vorteil gegenüber Geldanlagen, die der ▷ Abgeltungsteuer unterliegen. Das wiegt aber die Nachteile von Kapitallebensversicherungen nicht auf. Sicher ist nur die klassische Variante mit Garantiezins. Bei ▷ Fondspolicen trägt der Kunde das Risiko. Die Rendite ist bei beiden Varianten im Vergleich zu anderen Produkten eher mäßig – was unter anderem den hohen Kosten für Vertrieb und Verwaltung geschuldet ist. Das größte Manko ist jedoch, dass Kunden sich über viele Jahre binden müssen und nicht kurzfristig an ihr Geld kommen. Wer fürs Alter vorsorgen möchte, ist mit Riester-Produkten (siehe Seite 41) besser bedient. Wer Angehörige absichern möchte, sollte eine Risikolebensversicherung abschließen (siehe Seite 11).

Kreditwürdigkeit ▷ Bonität.

Kupon. Die jährliche Zinszahlung auf eine ▷ Anleihe wird als Kupon bezeichnet.

Kurswert. Der aktuelle Preis, der sich beim Verkauf einer ▷ Anleihe über die Börse erzielen lässt.

Liquidität. Ausdruck dafür, wie schnell eine Kapitalanlage zu Bargeld gemacht werden kann. Bei ▷ Fonds ist mit Liquidität die Barreserve gemeint. Sie ist wichtig, damit die Fondsgesellschaft Anlegern, die ihre Anteile verkaufen wollen, den Wert täglich auszahlen kann.

Medienfonds. Medienfonds sind ▷ geschlossene Fonds, mit denen Filme oder Fernsehproduktionen finanziert werden. Riskant und nichts für Kleinanleger.

Mischfonds. Mischfonds sind ▷ Fonds, die sowohl in ▷ Aktien als auch in ▷ Anleihen investieren. Je nach Schwerpunkt können solche Fonds sehr unterschiedlich ausfallen. Konservative Varianten haben einen höheren Anteil an Anleihen, um das Risiko gering zu halten. Damit sinken aber auch die Gewinnchancen. Wird der größere Teil des Anlegergeldes in Aktien angelegt, steigert das die Gewinnmöglichkeiten, aber auch das Verlustrisiko. Ausgewogene

Mischfonds verteilen das Kapital gleichmäßig. Wie der Fonds das Geld letzten Endes einsetzt, bleibt zum Teil dem Fondsmanager überlassen. Fallen die Kurse an der Börse, kann er es in sichere Papiere umschichten und bei Licht am Horizont den Schwerpunkt wieder auf Aktien setzen. Um herauszufinden, welche Quoten sich der Mischfonds gesetzt hat – wie konservativ oder riskant er das Geld also anlegt –, müssen Sie als Anleger den Fondsprospekt vorab genauestens studieren. Und selbst nach dem Kauf können Sie die Entwicklung eines solchen Fonds nicht aus den Augen lassen. Da Mischfonds also eine hohe Aufmerksamkeit erfordern, taugen sie nicht für Faule.

Nennwert Der Nennwert einer ▷ Anleihe ist der Betrag, auf den die Zinsen gezahlt werden und den Sie als Käufer am Ende der Laufzeit zusammen mit den Zinsen zurückerhalten.

Nichtveranlagungsbescheinigung (NV-Bescheinigung). Bescheinigung, mit der Geringverdiener Steuern sparen können. Mehr dazu siehe Seite 130.

Obligation ▷ Anleihe.

Offene Fonds. Wenn man von ▷ Fonds spricht, sind in der Regel offene Fonds gemeint. Bei ihnen ist die Anzahl der Fondsanteile nicht begrenzt. Sie können meist börsentäglich verkauft werden. Gegenteil ▷ Geschlossene Fonds.

Option. Eine bestimmte Art von ▷ Derivat. Kompliziert, riskant und nur etwas für Profis.

Pfandbrief. Pfandbriefe mit Laufzeiten zwischen 3 und 30 Jahren gehören zu den Klassikern unter den ▷ festverzinslichen Wertpapieren. Es handelt sich um ▷ Anleihen, die durch Pfandrechte abgesichert sind. Aus diesem Grund gilt diese Form der Geldanlage als ähnlich sicher wie ▷ Bundeswertpapiere. Für Anleger ist es allerdings schwierig, geeignete Pfandbriefe zu finden, weil sie schlecht beurteilen können, wie gut die Sicherheiten sind. Zudem laufen sie Gefahr, einen Brief nicht mehr loszuwerden und bis zum Ende der Laufzeit behalten zu müssen. Das liegt daran, dass Pfandbriefe an der Börse gehandelt werden und sich unter Umständen schlecht oder nur zu einem schlechten Preis verkaufen lassen, weil sich kein Abnehmer dafür findet. Für Faule sind sie daher nicht erste Wahl.

Postident-Verfahren. Bei manchen Geschäften müssen Unternehmen die Identität oder das Alter ihrer Kunden zweifelsfrei feststellen. Dann kommt das Postident-Verfahren der Deutschen Post zum Einsatz. Mehr dazu siehe Seite 15.

Private Rentenversicherung. Wer eine private Rentenversicherung abschließt, zahlt meist über Jahrzehnte Beiträge ein, um im Alter eine Rente ausgezahlt zu bekommen. Es gibt klassische und ▷ fondsgebundene Varianten. Bei fondsgebundenen Versicherungen fließen die Beiträge in einen ▷ Fonds. Das erhöht die Chancen auf eine höhere Rendite – allerdings zulasten der Sicherheit. Da die Versicherer außerdem hohe Kosten für Verwaltung und Ähnliches veranschlagen, sind sie meist keine gute Wahl. Die klassische Variante ist hingegen ausgesprochen sicher. Hier gibt es garantiert 2,25 Prozent Zins auf die Beiträge (ab 2012 nur noch 1,75 Prozent), allerdings auch nur nach Abzug der Kosten, die der Versicherer einbehält. Lukrativer wird es, wenn die Versicherten an Überschüssen beteiligt werden. Das funktioniert aber nur, falls die Versicherung überhaupt welche erwirtschaftet. Hat sie beispielsweise höhere Kosten einkalkuliert als tatsächlich anfallen, muss sie mindestens 50 Prozent der Ersparnis an die Kunden weitergeben. Sterben mehr Versicherte während der Vertragslaufzeit, wodurch sie Rentenzahlungen spart, sind es 75 Prozent. Legt sie das Kapital gut an, profitieren Kunden auch zu 90 Prozent. Doch so verlockend das klingt: Wie hoch die Überschüsse tatsächlich sein werden, ist unsicher. Damit lässt sich also nicht rechnen. Als private Altersvorsorge kommt eine klassische private Rentenversicherung nur dann infrage, falls Sie keinen Riester-Vertrag mit Förderung bekommen (siehe Seite 44) oder Ihnen der zusammen mit Ihren sonstigen regelmäßigen Einkünften wie einer gesetzlichen Rente nicht reicht, um Ihre Grundversorgung im Alter sicherzustellen: also beispielsweise für Selbstständige. Der Hauptgrund ist, dass die fehlende Flexibilität und lange Laufzeit zu einem echten Problem werden können. Wer eine solche Versicherung schon mit dreißig oder früher abschließt, muss über einen schier endlosen Zeitraum hinweg Beiträge aufbringen. Nicht weiter einzuzahlen oder vorzeitig auszusteigen bringt oft sogar hohe Verluste. Daher sind Riester-Verträge immer die bessere Wahl. Wenn Sie eine private Rentenversicherung abschließen möchten und Angehörige zu versorgen haben, sollten Sie eine Rentengarantiezeit vereinbaren. Das schmälert die Rendite kaum. Weitere Informationen finden Sie in unserem Ratgeber „Altersvorsorge für Selbstständige". Tests Privater Rentenversicherungen gibt es unter www.test.de.

Quellensteuer. Steuer auf Einnahmen aus dem Kapitalvermögen, die die Bank direkt ans Finanzamt abführt – sozusagen von der Quelle. Die ▷ Abgeltungsteuer ist eine Quellensteuer. Erzielt ein Anleger im Ausland ▷ Kapitalerträge, fallen darauf ebenfalls Quellensteuern an. Die ausländische Bank führt sie direkt an die ausländische Finanzbehörde ab. Über die Steuererklärung können sich Anleger in der Regel Geld zurückholen, indem sie diese ausländische Quellensteuer auf die deutsche Abgeltungsteuer anrechnen lassen.

Ratingagentur: Ratingagenturen sind private Firmen, die die ▷ Bonität von Staaten und Unternehmen bewerten, die

▷ Anleihen herausgeben. Je besser die Bonität, also das Rating, als desto sicherer gilt die Anleihe. Herausgeber mit einem guten Rating müssen daher weniger Zinsen zahlen als solche mit einem schlechten.

Rendite. Die Wertentwicklung einer Anlage in einem bestimmten Zeitraum. Sie wird in der Regel für ein Jahr berechnet.

Renten ▷ Anleihen

Renten-ETF. Anderer Ausdruck für Rentenindexfonds, siehe Seite 90.

Rentenfonds. ▷ Fonds, der in ▷ Anleihen investiert, siehe Seite 90.

Riester-Fondspolice. Wie der Name schon verrät, verbirgt sich hinter der Riester-Fondspolice eine private Rentenversicherung, allerdings eine fondsgebundene. Der größte Unterschied zu einer herkömmlichen Police ist, dass die Beiträge nicht von der Versicherung angelegt werden, sondern direkt in einen oder mehrere ▷ Fonds fließen. Das bedeutet allerdings auch, dass die Renditechancen, und damit die Höhe der Auszahlung, unsicher sind, weil die von der Entwicklung des Aktienmarktes abhängen. Der Anbieter muss nur garantieren, dass die eingezahlten Beiträge und Zulagen zum Rentenbeginn vorhanden sind. Im Vergleich zur Direktanlage in Fonds über einen Riester-Fondssparplan (siehe Seite 108) fallen bei der Fondspolice deutlich höhere Kosten an, weil eine Versicherung zwischengeschaltet ist. Kein Wunder also, dass die meisten Versicherer versuchen, die Gesamtkosten zu verschleiern. So mancher Riester-Sparer möchte eigentlich gar keine Fondspolice, sondern einen Fondssparplan abschließen, wird aber in eine Versicherung umgeleitet. Denn Vermittler präsentieren diese Kombination aus Mindestrente und Fondsinvestment gerne in einem guten Licht. So kommt es vor, dass Anleger nicht einmal wissen, dass sie in eine Fondspolice einzahlen. Sie erkennen es erst durch die jährliche Standmitteilung. Weil solche Riester-Verträge überwiegend zu teuer und die angebotenen Fonds oft mäßig oder schlecht und kaum zu durchschauen sind, spricht wenig für eine Riester-Fondspolice. Haben Sie bereits eine abgeschlossen, kann es sich lohnen, den Vertrag beitragsfrei zu stellen, die eingezahlten Beiträge bis zur Rente stehen zu lassen und woanders neu zu riestern. Vor allem dann, wenn das aktuelle Guthaben der Fondspolice wegen hoher Anfangskosten und schlechter Börsenphasen im Minus ist, zwingen Sie den Versicherer so, dieses bis zur Rente auszugleichen.

Riester-Produkte. Altersvorsorgeprodukte, die der Staat großzügig fördert. Ideal für Faule (mehr dazu siehe Seite 42).

Rürup-Rente. Die Alternative für alle, die keinen Riester-Vertrag abschließen dürfen, ist die Rürup-Rente – benannt nach dem Ökonomen Bert Rürup. Anders als die Riester-Rente, für die es staatliche Zulagen plus Steuervorteile gibt, wird die Rürup-Rente lediglich steuerlich gefördert. Davon haben vor allem Selbstständige und Freiberufler etwas, weil sie ansonsten kaum steuerbegünstigt Geld fürs Alter zurückzulegen können. Über diese Art der Geldanlage lassen sich bei Alleinstehenden maximal 20 000 Euro als Sonderausgaben absetzen, bei Ehepaaren 40 000 Euro. Angeboten wird die Rürup-Rente als klassische oder fondsgebundene Variante. Bei der fondsgebundenen Variante trägt der Kunde das Risiko: Laufen die Fonds schlecht, ist auch ein Verlust möglich. Anders als bei Riester-Verträgen gibt es keine Garantie, dass mindestens die Einzahlungen der Sparer erhalten bleiben. Deshalb ist eine Rürup-Fondspolice selten geeignet und nichts für Faule. Bei der klassischen Rürup-Variante gibt es garantierte Zinsen. Wer Angebote vergleicht, sollte vor allem auf eine hohe garantierte Rente achten. Wie viel Rente am Ende herauskommt, hängt auch von den Überschüssen ab, die der Versicherer erwirtschaftet. Ist er dabei erfolgreich, wird mehr ausgezahlt als garantiert ist. Doch nicht nur die Auszahlung ist variabel, auch die Höhe der Einzahlungen. So können Sparer beispielsweise mit kleinen Beträgen beginnen, um die Belastung niedrig zu halten, und sie um Einmalzahlungen ergänzen, falls das Geld lockerer sitzt. Aber: In dem Moment, in dem der Kunde die Beiträge nicht mehr zahlen kann, hat er ein Problem. Denn das Versicherungsunternehmen legt fest, wie viel man eingezahlt haben muss, bevor der Vertrag beitragsfrei gestellt oder gekündigt werden kann. Stoppen die Einzahlungen, bevor diese Mindestrente erreicht ist, ist unter Umständen das ganze Ersparte weg. Eine Rürup-Rente kommt daher nur für Selbstständige und Freiberufler infrage, die auf eine lebenslange Rente Wert legen und fest davon ausgehen, die Beiträge Monat für Monat bis zum Rentenalter zahlen zu können. Dann können sie damit mehr aus ihrem Geld herausholen als mit einem vergleichbaren ungeförderten Produkt. Ansonsten sind Riester-Angebote oder eine betriebliche Altersvorsorge immer die bessere Wahl. Interessiert Sie das Thema, finden Sie weitere Informationen in unserem Ratgeber „Altersvorsorge für Selbstständige".

Schiffsfonds ▷ Geschlossene Fonds, über die der Bau von Schiffen finanziert wird. Sie sind riskant und für Kleinanleger nicht geeignet.

Schuldbuchkonto. Wer ▷ Bundeswertpapiere kauft, kann sich die Depotkosten sparen, indem er sie über die Deutsche Finanzagentur ordert. Lagerung, Kauf, Verkauf, Umtausch sowie vorzeitige Rückgabe sind dort kostenlos. Einzige Voraussetzung ist die Eröffnung eines Schuldbuchkontos (mehr dazu siehe Seite 76).

Schuldverschreibung ▷ Anleihe

Schwellenländer ▷ Emerging Markets

Sparplan. Geldanlage, die man mit regelmäßigen Raten bespart. Gegenstück: ▷ Einmalanlage. Es gibt sichere ▷ Banksparpläne und ▷ Fondssparpläne. Bei Fondssparplänen gibt es Risiken, aber auch höhere Renditechancen. Für Faule eignen sich nur Sparpläne auf Rentenindexfonds (siehe Seite 90) oder auf Aktienindexfonds (siehe Seite 83).

Staatsanleihe. Staatsanleihen sind ▷ Anleihen, die von Staaten herausgegeben werden. Je nachdem wie gut ein Staat wirtschaftet, können sie sicher oder riskant sein, denn auch Staaten können pleitegehen. Als besonders sicher gelten deutsche Staatsanleihen, also ▷ Bundeswertpapiere.

Stufenzinsanleihe. Eine ▷ Anleihe, die mit einer ▷ Zinstreppe ausgestattet ist. Das bekannteste Beispiel sind Bundesschatzbriefe (siehe Seite 74).

Swap. Swap heißt Tausch. Manche Aktienindexfonds (siehe Seite 83) sind geswapt, das heißt, der ▷ Fonds kauft nicht die Aktien, die eigentlich im ▷ Index sind, um den Index nachzubilden, sondern ersetzt manche der Aktien durch andere Wertpapiere, um so Kosten zu sparen. Die Differenz in der Wertentwicklung zwischen dem Originalindex und den geswapten Aktien muss die Fondsgesellschaft ausgleichen.

Termingeld. Anderer Ausdruck für Festgeld (siehe Seite 69).

Thesaurierender Fonds. Bei thesaurierenden Fonds fließen alle Erträge direkt ins Fondsvermögen und erhöhen so dessen Wert. Anders als bei ▷ ausschüttenden Fonds profitieren Anleger auf diese Weise vom ▷ Zinseszinseffekt, ohne dass zusätzliche Kosten für die Wiederanlage der Erträge entstehen. Das ist letztlich ähnlich wie bei einem Sparbuch, bei dem die Zinsen auch angesammelt werden, bis Sie sie abheben.

Verkaufsprospekt. Er enthält die Vertragsbedingungen von ▷ Fonds sowie Informationen zu deren Anlagestrategie und Zusammensetzung. Sie können den Verkaufsprospekt bei der ▷ Fondsgesellschaft anfordern. Er muss Ihnen ausgehändigt werden, bevor Sie Fondsanteile kaufen.

Vermietete Immobilie. Vermietete Eigentumswohnungen und Häuser gelten als stabile und krisensichere Geldanlage. Allerdings auch als recht aufwendige. Denn es ist nicht so einfach, eine passende Immobilie in guter Lage, mit guter Ausstattung und passendem Mieter zu finden. Dazu kommt das Risiko, dass sich auch mal kein Mieter findet und die Wohnung eine Zeitlang leer steht. Leider tummeln sich auf dem Markt viele unseriöse Anbieter, die Anlegern beispielsweise eine Immobilienrente plus zusätzliches Bargeld versprechen, wenn sie eine Immobilie kaufen. Noch schlimmer sieht es bei „Rundum-sorglos-Paketen" aus, bei denen sich der Käufer um nichts kümmern muss. Die sind besonders teuer, weil die Anbieter eine ordentliche Summe für Vermietung und Verwaltung auf den Kaufpreis aufschlagen. Viele Käufer merken das allerdings erst, wenn es zu spät und die Unterschrift unter dem Vertrag schon trocken ist. Eine vermietete Immobilie als Geldanlage kommt für Faule nicht infrage, weil die Suche nach einem passenden Objekt und dessen Pflege viel zu aufwendig ist und „Rundum-sorglos-Pakete" ein zu hohes Risiko bergen.

Vermögenswirksame Leistung (VL). Monatliche Zahlung des Arbeitgebers auf Antrag des Arbeitnehmers. Um vermögenswirksame Leistungen zu bekommen, müssen Sie ein dafür vorgesehenes Konto eröffnen (mehr dazu siehe Seite 46).

Wertpapier. Oberbegriff für ▷ Aktien, ▷ Anleihen und ▷ Fonds.

WKN (Wertpapierkennnummer): Vorläufer der ▷ Isin. Wird aber häufig von Banken noch verwendet.

Wohn-Riester. Seit 2008 ist es möglich, die Riester-Förderung für die Altersvorsorge (siehe Seite 39) auch für den Bau oder Kauf eines Eigenheims zu nutzen. Dieses sogenannte Wohn-Riester besteht aus zwei Komponenten: Riester-Sparer können ihr Erspartes auf ihrem Riester-Vertrag für den Bau oder Kauf der eigenen vier Wände einsetzen. Zudem gibt es die Riester-Förderung auch für die Tilgung eines Kredits zur Eigenheimfinanzierung. Das kann ein Kredit einer Bausparkasse oder einer Bank sein. Es lohnt sich, die Förderung mitzunehmen. Jeder, der Anspruch darauf hat (siehe Seite 39), sollte sie nach Möglichkeit beantragen.

Wohnungsbauprämie. Prämie, die der Staat Bausparern zahlt, wenn sie bestimmte Einkommensgrenzen nicht überschreiten (siehe Seite 95).

Zertifikat. Zertifikate werden in großer Zahl und in unterschiedlichster Ausführung von Banken angeboten. Die Rückzahlung der meist zeitlich befristeten Zertifikate hängt von der Zahlungsfähigkeit der herausgebenden Bank ab. Diese muss nicht identisch sein mit der Bank, die das Zertifikat verkauft. Der Käufer hat bei diesem Produkt also ein Pleiterisiko. Statt „Zertifikat" schreiben viele Banken neuerdings „Anleihe" auf ihre Produkte, um es besser an den Mann oder die Frau zu bringen. Gelogen ist das zwar nicht, da Zertifikate rechtlich gesehen ▷ Anleihen sind, es soll aber vor allem von ihrem schlechten Image ablenken, das sie seit der Pleite der amerikanischen Bank Lehman Brothers haben, bei der zahlreiche Anleger viel Geld verloren haben. Dadurch ist vielen Anlegern nicht bewusst, dass es sich bei angebotenen Geldanlagen um Zertifikate handelt, da der Begriff selten

im Produktnamen auftaucht. Im Zweifel hilft nur hartnäckiges Nachfragen. Zertifikate sind nicht nur riskant, sie sind auch oft kompliziert. Häufig durchschauen nicht einmal Profis, wie sie funktionieren. Wir versuchen es dennoch mit einer kurzen Erklärung: Zertifikate sind eine Art Wette. Sie stehen immer mit irgendeiner Art von Geldanlage in Verbindung – dem „Basiswert". Von der Entwicklung dieses Basiswerts hängt die Rendite des Zertifikats ab. Am einfachsten sind ▷ Indexzertifikate. Hier ist der Basiswert ein ▷ Index. Steigt er, macht der Anleger Gewinn, sinkt er, macht er Verlust. Oft ist der Basiswert aber ein Korb von Aktien, den die Bank nach eigenem Gutdünken zusammenstellt. Was sie taugen, können Kleinanleger kaum beurteilen. Zertifikate können sich auch auf ▷ festverzinsliche Wertpapiere, Rohstoffe, Währungen oder andere Anlagen beziehen. Oft hängt die Rendite aber nicht nur von der Entwicklung des Basiswerts ab, sondern es gibt zusätzliche Bedingungen, die eintreten müssen, bevor sie sich für Anleger bezahlt machen. Also sind sie ganz und gar nichts für Faule.

Zinsanlagen. Alle Anlagen, für die es Zinsen gibt.

Zinseszinseffekt. Die Zinsen werden mitverzinst, wodurch die ▷ Rendite wächst.

Zinstreppe. Die Zinsen eines Produkts steigen jedes Jahr auf einer festgelegten Zinstreppe nach oben.

ADRESSEN

Bei allen hier genannten Banken sind mindestens 100 000 Euro abgesichert, bei vielen weit mehr (siehe Tabelle Seite 154).

BANKEN MIT GRÖSSEREM FILIALNETZ

BBBank
07 21/14 16 01
www.bbbank.de

Hypovereinsbank
0 180 2/88 44 55
www.hypovereinsbank.de

Santander Consumer Bank
0 180 5/55 64 99
www.santander.de

Commerzbank
0 69/1 36 20
www.commerzbank.de

norisbank
0 180 3/12 50 00
www.norisbank.de

Sparda Banken
0 69/7 92 09 40
www.sparda.de

Degussa Bank
0 69/36 00 55 55
www.degussa-bank.de

Postbank
0 180 3/28 81
www.postbank.de

Targobank AG & Co. KGaA
02 11/8 98 40
www.targobank.de

Deutsche Bank
0 18 18/ 10 00
www.deutsche-bank.de

Santander Bank
0 180 5/55 63 07
www.santanderbank.de

BANKEN MIT WENIGEN FILIALEN UND REINE DIREKTBANKEN

1822 direkt
0 69/5 05 09 30
www.1822direkt.com

abcbank
02 21/57 90 83 70
www.abcbank.de

Akbank
0 180 2/25 22 65
www.akbanknv.de

Aachener Bausparkasse
02 41/47 49 26 80
www.aachener-
bausparkasse.de

Advanzia Bank
0 800/8 80 21 20
www.advanzia.com

akf bank
0 180 3/22 42 52
www.akf24.de

Alte Leipziger
0 61 71 / 66 41 77
www.alte-leipziger.de

Amsterdam Trade Bank
0 800 / 1 82 59 89
www.atbank.de

Augsburger Aktienbank
08 21 / 5 01 50
www.aab.de

Autobank
0 800 / 4 04 10 08
www.autobank-einlagen.de

Axa Bank
0 180 3 / 55 11 33
www.axa.de

Bank of Scotland
0 30 / 2 80 42 80
www.bankofscotland.de

Bausparkasse Mainz
0 61 31 / 30 35 90
www.bkm.de

BMW Bank
0 89 / 31 84 03
www.bmw-fs.de

C&A Bank
0 180 5 / 77 20 77 19
www.cunda.de

comdirect bank
0 180 3 / 44 45
www.comdirect.de

Cortal Consors
09 11 / 3 69 90 00
www.cortalconsors.de

CosmosDirekt
06 81 / 9 66 66 66
www.cosmosdirekt.de

Credit Europe Bank
0 180 5 / 00 80 01
www.crediteurope.de

Cronbank
0 61 03 / 39 12 51
www.cronbank.de

DAB Bank
0 180 2 / 25 45 00
www.dab-bank.de

Debeka
02 61 / 9 43 48 46
www.debeka.de

Denizbank
0 800 / 4 88 66 00
https://www.denizbank.de

Deutsche Kreditbank
0 180 3 / 12 03 00
www.dkb.de

Deutsche Skatbank
0 180 5 / 75 28 22 65
www.skatbank.de

DHB Bank Demir-Halk Bank
0 180 2 / 21 11 11
www.dhbbank.de

EthikBank
03 66 91 / 86 23 45
www.ethikbank.de

finosdirect
0 61 31 / 9 15 97 34
www.finosdirect.de

Gallinat Bank
02 01 / 8 11 60
www.gallinat.de

GarantiBank
02 11 / 86 22 20
www.garantibank.de

GE Capital Bank
0 180 2 / 27 31 00
www.gecapitaldirekt.de

GLS Bank
02 34 / 5 79 70
www.gls.de

Grenke Bank
0 72 21 / 50 07 72 00
www.grenkebank.de

Hannoversche Volksbank.direkt
05 11 / 12 21 12 21
www.hannvb-direkt.de

Hanseatic Bank
0 800 / 6 66 12 34
www.hanseaticbank.de

Haspa-Direkt
0 40 / 28 87 87 88
www.haspa-direkt.de

ICICI Bank
0 800 / 0 04 24 24
www.icicibank.de

IKB Deutsche Industriebank
02 11 / 73 14 12 00
www.ikbdirekt.de

ING-Diba
0 180 2 / 29 29 29
www.ing-diba.de

Isbank
0 69 / 29 90 10
www.isbank.de

mbs direkt
0 18 04 / 16 01 60
www.mbsdirekt.de

Mercedes-Benz Bank
06 81 / 96 59 50 10
www.mercedes-benz-
bank.de

Merkur Bank
0 89 / 59 99 80
www.merkur-bank.de

MKB Bank
0 800 / 9 43 30 00
www.mkb-bank.de

netbank
0 180 5 / 63 82 26
www.netbank.de

NF Bank
04 21 / 3 07 50
www.nf-bank.de

NIBC Direct
0 69 / 50 50 65 50
www.nibcdirect.de

Oyak Anker Bank
0 69 / 29 92 29 76 00
www.oyakankerbank.de

Santander Direkt Bank
0 180 5 / 55 61 22
www.santander-direkt.de

SKG Bank
06 81 / 8 57 11 67
www.skgbank.de

SWK-Bank
0 67 21 / 91 01 10
www.swkbank.de

Triodos Bank N. V.
0 69 / 71 71 91 91
www.triodos.de

UmweltBank
09 11 / 5 30 81 23
www.umweltbank.de

Vakifbank
0 69 / 2 71 36 67 55
www.vakif-bank.de

Valovis Commercial Bank
0 69 / 69 79 53 34
www.vcbank.de

Volkswagen Bank direct
0 180 3 / 22 42 20
www.volkswagenbank.de

Von Essen Bank
02 01 / 8 11 81 45
www.vonessenbank.de

VTB Bank (Austria)
0 69 / 94 34 09 40
http://vtbdirektbank.de

Wüstenrot Bank
0 71 41 / 1 61
www.wuestenrot.de

Ziraat Bank
0 69 / 29 80 50
www.ziraatbank.de

SO IST DAS GELD BEI DEN BANKEN ABGESICHERT

Seit 1. Januar 2011 beträgt die Höhe der gesetzlichen Einlagensicherung in der EU 100 000 Euro pro Anleger und Bank. Die meisten deutschen Banken haben durch freiwillige Maßnahmen aber weit höhere Euro-Beträge abgesichert. [1]

Dazugehörige Banken und Sparkassen	Gesetzliche Einlagensicherung	Zusätzliche Einlagensicherung	So viel sollten Sie maximal anlegen
Deutschland			
Die meisten deutschen Privatbanken, z. B. Deutsche Bank, Postbank, norisbank, Degussa Bank, aber auch GE Capital Direkt, Oyak Anker Bank, Ziraat Bank, Santander Bank, ING-Diba, comdirect-Bank, Isbank [2]	100 000	Pro Anleger 30 Prozent des haftenden Eigenkapitals der Bank, mind. 1,5 Millionen	Bis zur Haftungsgrenze (mindestens 1,5 Millionen)
akf bank, C&A Bank, SWK Bank, Umweltbank	100 000	Keine	100 000
DKB, SKG Bank	100 000	100 Prozent der Einlage	Keine Beschränkung
Alle Sparkassen	Wegen eines eigenen Sicherungssystems nicht Mitglied der gesetzlichen Einlagensicherung	100 Prozent der Einlage	Keine Beschränkung
Alle Volks- und Raiffeisenbanken, Sparda-Banken und PSD-Banken, GLS Bank, KD-Bank	Wegen eines eigenen Sicherungssystems nicht Mitglied der gesetzlichen Einlagensicherung	100 Prozent der Einlage	Keine Beschränkung
Private Bausparkassen: Aachener, Alte Leipziger, Debeka Bausparkasse, Bausparkasse Mainz	100 000	Bauspareinlagen in unbegrenzter Höhe, Spareinlagen bis zu 250 000	Für Bauspareinlagen keine Beschränkung, für Spareinlagen 250 000
CosmosDirect	Unbegrenzt [3]	Keine	Keine Beschränkung

Dazugehörige Banken und Sparkassen	Gesetzliche Einlagensicherung	Zusätzliche Einlagensicherung	So viel sollten Sie maximal anlegen
Luxemburg			
Advanzia Bank	100 000	Keine	100 000
Niederlande			
Amsterdam Trade Bank, Akbank, Credit Europe Bank, DHB Bank, Garanti-bank, NIBC Direct, Triodos Bank	100 000	Keine	100 000
Österreich			
Autobank, Denizbank, Vakifbank, VTB Direkt-bank	100 000	Keine	100 000
Großbritannien			
Bank of Scotland	85 000 britische Pfund/mind. 100 000 Euro über die britische Einlagensicherung	Keine	100 000
Kombination deutsche und ausländische Einlagensicherung			
ICICI Bank	85 000 britische Pfund/mind. 100 000 Euro über die britische Einlagensicherung	Pro Anleger 30 Prozent des haf-tenden Eigenkapi-tals der Bank, mind. 1,5 Millionen	Bis zur Haftungs-grenze (mindestens 1,5 Millionen)
Cortal Consors	100 000 Euro über die französische Ein-lagensicherung	Pro Anleger 30 Prozent des haf-tenden Eigenkapi-tals der Bank, mind. 1,5 Millionen	Bis zur Haftungs-grenze (mindestens 1,5 Millionen)

1) Gesichert sind Guthaben auf dem Girokonto, Tagesgeld, Festgeld sowie Sparbriefe und Sparkonten, nicht gesichert sind Zertifikate.

2) Welche Banken noch dazu gehören, finden Sie unter www.bdb.de, Button „Mitglieder".

3) Theoretisches Restrisiko von 5 Prozent des angelegten Kapitals.

Stand: Juli 2011

SO VIEL WIRD AUS EINER MONATLICHEN SPARRATE VON 100 EURO

Hier sehen Sie, wie viel Euro Sie je nach Zinssatz und Laufzeit am Ende haben, wenn Sie 100 Euro im Monat sparen. Sparen Sie 50 Euro monatlich, kommt die Hälfte des Betrages dabei heraus, sparen Sie 200 Euro, das Doppelte. So können Sie leicht errechnen, welche Summe herauskommt, wenn Sie eine andere Sparrate wählen.

	2 Prozent	3 Prozent	4 Prozent	5 Prozent	6 Prozent	7 Prozent
3 Jahre	3 712	3 769	3 827	3 885	3 943	4 003
4 Jahre	4 999	5 102	5 206	5 311	5 419	5 528
5 Jahre	6 312	6 474	6 640	6 809	6 982	7 160
6 Jahre	7 652	7 888	8 131	8 382	8 640	8 906
7 Jahre	9 017	9 344	9 682	10 033	10 397	10 775
8 Jahre	10 411	10 843	11 295	11 767	12 260	12 774
9 Jahre	11 832	12 388	12 973	13 588	14 234	14 913
10 Jahre	13 282	13 979	14 718	15 499	16 326	17 202
11 Jahre	14 760	15 618	16 532	17 506	18 545	19 651
12 Jahre	16 268	17 306	18 419	19 614	20 896	22 272
13 Jahre	18 807	19 045	20 382	21 827	23 388	25 076
14 Jahre	19 376	20 835	22 423	24 151	26 030	28 076
15 Jahre	20 976	22 680	24 546	26 590	28 831	31 286
18 Jahre	25 972	28 552	31 437	34 666	38 281	42 330
20 Jahre	29 472	32 766	36 503	40 746	45 565	51 041
25 Jahre	38 851	44 459	51 051	58 812	67 958	78 747
30 Jahre	49 207	58 014	68 751	81 870	97 926	117 606
35 Jahre	60 641	73 728	90 286	111 298	138 029	172 109
40 Jahre	73 265	91 945	116 486	148 856	191 696	248 552
45 Jahre	87 203	113 064	148 363	196 792	263 515	355 766

REGISTER

IMPRESSUM

© 2011 Stiftung Warentest, Berlin

Stiftung Warentest
Lützowplatz 11–13
10785 Berlin
Tel. 0 30/26 31-0
Fax 0 30/26 31-25 25
www.test.de

Vorstand: Dr. jur. Werner Brinkmann
Weiteres Mitglied der Geschäftsleitung:
Hubertus Primus (Publikationen)

Programmleitung: Niclas Dewitz
Autorin: Sina Groß
Projektleitung/Lektorat: Ursula Rieth
Lektoratsassistenz: Veronika Schuster

Fachliche Beratung und Unterstützung:
Roland Aulitzky, Karin Baur, Thomas Krüger,
Susanne Meunier, Heike Nicodemus, Theo Pischke,
Jörg Sahr, Martin F. Schulz, Marion Weitemeier,
Stephanie Zipp
Korrektorat: Hartmut Schönfuß
Titelentwurf: Susann Unger, Berlin
Layout: Pauline Schimmelpenninck Büro für
Gestaltung, Berlin
Verlagsherstellung: Rita Brosius (Ltg.), Susanne Beeh
Grafik, Bildredaktion und Satz: Büro Brendel, Berlin
Produktion: Vera Göring
Bildnachweis – Titel: istock/hanhanpeggy
Innenteil: thinkstock (Hemera, BananaStock,
Stockbyte, Photos.com)
Grafiken: Martina Römer
Litho: tiff.any GmbH, Berlin
Druck: Rasch Druckerei und Verlag GmbH & Co. KG,
Bramsche

Einzelbestellung:
Stiftung Warentest
Tel. 0 180 5/00 24 67
Fax 0 180 5/00 24 68
(je 14 Cent pro Minute aus dem Festnetz, maximal
42 Cent pro Minute aus dem Mobilfunknetz)
www.test.de
Redaktionsschluss: Juli 2011
ISBN: 978-3-86851-322-6